SALMOS CURATIVOS

SALMOS CURATIVOS

1a. edición, junio 2003.
2a. edición, octubre 2004.
3a. edición, mayo 2005.
4a. edición, marzo 2008.

Nicolás San Juan 1043, Col. Del Valle
03100 México, D.F.
Tels. 5575-6615, 5575-8701 y 5575-0186
Fax. 5575-6695
http://www.grupotomo.com.mx
ISBN: 970-666-749-0
Miembro de la Cámara Nacional
de la Industria Editorial No 2961

Diseño de Portada: Emigdio Guevara
Supervisor de producción: Leonardo Figueroa

Impreso en México - *Printed in Mexico*

PROLOGO

La oración es el modo que hemos encontrado los hombres para dialogar con Dios. Por eso prácticamente todas las religiones poseen sus plegarias, que junto con las ceremonias sagradas, constituyen la esencia de todo culto.

El Salterio -el Libro de los Salmos de la Biblia- es uno de los libros de oraciones más antiguo que se conoce. Escrito por los sacerdotes de Israel, era recitado a diario por el pueblo hebreo y también por Jesús y sus discípulos, tal como atestiguan diversos párrafos del Nuevo Testamento.

Siglos más tarde, el cristianismo adoptó el Salterio, incorporándolo al culto, y los 150 poemas que lo componen fueron pronunciados una y otra vez por quienes buscaban elevar su palabra al Cielo.

Los salmos demostraron, además, ser oraciones milagrosas.

Pues así como las medicinas suelen sanar el cuerpo, estos versos sencillos, milenarios y profundamente bellos, curaron en cuerpo, mente y espíritu a muchísimas personas.

Por este motivo, el Círculo Hermético decidió publicar este libro, a fin de poner al alcance de los lectores una de las herramientas curativas más sorprendente de la historia: la palabra sagrada.

Quien se encuentre enfermo, solo, apenado, desesperado o a punto de perder la fe, podrá encontrar el consuelo divino en las páginas de este libro.

Quien desee ayudar a sus seres queridos, enviar Luz al corazón de personas que moran en las tinieblas, lograr que la Verdad, la Justicia y el Perdón triunfen en la Tierra, podrá encontrar en las páginas de este libro las armas necesarias para librar su batalla.

Esperamos que las humildes notas aclaratorias que acompañan a los salmos constituyan una guía adecuada para la oración de nuestros lectores, una guía para que todos descubran el poder infinito del Verbo y la infinita Misericordia Divina.

El Círculo Hermético

EL SALTERIO

Una obra
de inteligencia
y fe

El Libro de Salmos o Salterio es una compilación de poesías de contenido religioso, destinadas directamente a la oración de la comunidad. El pueblo hebreo creó el Salterio, con el propósito de recitar estos poemas para comunicarse directamente con Dios.

En la versión griega, los salmos fueron conocidos como **pSalterion** o **psalmoi** *-cantar con acompañamiento-* términos que dieron origen a la palabra española "salmo". Estas palabras se corresponden en significado casi exactamente con la palabra hebrea **mizmor**, de la raíz **zamar**, que quiere decir "tocar un instrumento", pues los salmos se cantaban y se acompañaban con instrumentos de cuerda.

A diferencia de otros libros bíblicos, que en muchos casos también contienen oraciones, el Salterio es el único que fue creado solo para la oración. El objetivo de los salmos no es dar una enseñanza nueva; no contiene una doctrina como en el caso de los libros de los profetas, sino plegarias que ponen en contacto directo al hombre con su Creador.

Los salmos reflejan además las tradiciones de los hebreos entre el siglo VIII y II a.C., pues a lo largo de este extenso período fueron compuestas las 150 plegarias que constituyen este libro sagrado. Las esperanzas, pecados, costumbres y temores de los creyentes de aquellos lejanos días están presentes en el Salterio. Y si bien la distancia que nos separa de ese tiempo histórico determina que a veces resulte difícil para nosotros comprender algunos párrafos y conceptos del Salterio, de todos modos continúa teniendo vigencia gran parte de su contenido, tanto por la belleza poética que posee como por la fe que transmite cada una de sus palabras.

¿Cuándo fue escrito el Libro de los Salmos?

Poco sabemos sobre los autores del Salterio. Si bien al rey David se le atribuyen 73 poemas, algunas de las alusiones históricas presentes en ellos impiden asegurar que haya sido el autor de todos ellos. Como David fue el iniciador del género sálmico en su comunidad, algunos investigadores suponen que salmos escritos por sus discípulos, o creados varias generaciones después, se le atribuyeron a él, en su honor. Debemos tener en cuenta, además, que en la antigüedad el concepto de autoría era muy distinto al que tenemos hoy en día en Occidente, pues las obras solían ser colectivas, sin importar demasiado la propiedad intelectual.

Algo similar a lo antedicho sucede con los salmos atribuidos a Salomón, a los hijos de Coré y de Assaf, y también con el salmo 90 que lleva la "firma" de Moisés.

La fecha en que fueron compuestos estos poemas resulta asimismo muy difícil de determinar. Hasta principios de este siglo se consideraba que al menos un 80 por ciento de los salmos había sido escrito en tiempos del cautiverio, cuando el pueblo hebreo estuvo esclavizado en Egipto, pero esta teoría ha sido descartada actualmente.

Se sabe que los 150 salmos se escribieron entre el siglo VIII y el II a.C. No obstante, pese a las pesquisas que historiadores y estudiosos de la Biblia efectuaron durante centurias, nada más puede afirmarse con certeza.

Cómo se divide el Salterio

No todos los autores están de acuerdo acerca de la cantidad de plegarias que componen el Salterio, ya que algunas de ellas pueden dividirse en dos (por ejemplo, el salmo 108), otras son dos versiones de un mismo canto (como en el caso de los poemas 14 y 53), mientras que ciertas composiciones parecen formar parte de una oración mayor (tal es el caso de las 9 y 10, así como de los salmos 42 y 43). La versión más aceptada es la que sostiene que el Salterio está compuesto por 150 salmos, cifra que fue escogida por su gran simbolismo cabalístico. El libro, a su vez, esta dividido en cinco libros menores, de amplitud desigual. Estos libros son:

LIBRO 1- Salmos de David (1-41)

LIBRO 2- Salmos de la colección de los hijos de Coré (42-49)
- Salmos de la colección de la dádiva menor (51-72)

LIBRO 3- Colección de Assaf (73-83)
- Colección de varios autores (84-89)

LIBRO 4- Colección de varios autores (90-106)

LIBRO 5- Colección aleluial (107-150)

Cada libro termina con una **doxología**, nombre que se les han dado a los versículos que alaban la gloria de Dios. Y el último, el 150, concluye con una doxología de carácter universal que da fin al libro con una alabanza universal.

Salmos suscriptos y salmos huérfanos

Se llama suscripción a la autoría que se le otorga a un salmo. Pero así como la mayor parte de estos poemas se atribuyen a David o a otros personajes importantes del judaísmo primitivo, otros salmos son considerados "huérfanos", pues no se les reconoce paternidad alguna.

También es preciso tener en cuenta las indicaciones que muchas veces los redactores han efectuado al inicio de cada salmo, indicaciones que no todas las traducciones han conservado, pues en algunos casos no tiene sentido para el uso actual que damos a estos versos.

Estas indicaciones señalaban cómo utilizar el instrumento musical que acompañaba al salmo, el tono con que debía cantarse el mismo, el modo de ejecución y las indicaciones al maestro de coro o persona encargada de guiar una ejecución grupal.

A veces figuraban, también, ciertas palabras hebreas que indicaban la categoría del salmo, es decir si era de alabanza, plegaria, canto, canto de amor, etc.

Es importante destacar que un pequeño número de composiciones incluye alguna alusión histórica, que no suele resultar útil para la plegaria sino exclusivamente para quienes investigan sobre la historia de la religión.

En síntesis, las indicaciones que pueden llegar a preceder un salmo, aunque solo la primera es la que indefectiblemente se inscribe, son:

1. Título
2. Nombre del autor
3. Circunstancias históricas en que fueron compuestos los versos (cita que puede incluir-

se a lo largo del poema)

4. Recomendaciones sobre el modo de ejecución musical del salmo.

La poética del Salterio

Los salmos son poemas, composiciones que poseen un marcado ritmo interno y que se acompañaban con un instrumento musical.

Los instrumentos que solían utilizar los salmistas eran: arpa, trompeta, cítara, flauta y címbalo.

La prosodia hebrea no se basaba ni en la rima ni en el número de sílabas (tal como sucede con la poesía española tradicional) sino en la sucesión de sílabas tónicas (acentuadas) y átonas (sin acento interno). Este recurso podía llevarse a cabo porque cada palabra o pareja de palabras estrechamente ligadas tiene un acento interno, que es el que cuenta a la hora de versificar.

Por lo general, un versículo cuenta normalmente con dos oraciones de 3 acentos (3+3) y a veces 3+2. También existen los de 2+2 o los de 4+4.

Esto lo señalamos simplemente a modo informativo, pues para comprender el ritmo interno de estos poemas precisaríamos recitarlos en su idioma original, lo cual excedería el objetivo de este libro.

Otros recursos poéticos de esta obra, además de la versificación, resultan sumamente interesantes y nos hablan de un gran refinamiento artístico. Por ejemplo:

1. La poesía hebrea utiliza permanentemente paralelismos, recurso que consiste en enun-

ciar dos veces un mismo pensamiento en dos oraciones consecutivas del versículo. Este recurso duplica tanto el efecto sonoro del verso como la idea que este verso pretende transmitir. Además, este paralelismo se acompañaba con un batido de palmas o balanceo de cabeza, que reforzaba aún más la intención del salmo.

2. Muchas poesías recurren al acróstico alfabético, es decir que, en ellas, cada verso comienza con una letra que, sumadas a las letras que inician el restos de los versos y leídas luego todas las iniciales en forma vertical, nos remiten a otro significado. Para entender este recurso daremos un ejemplo en español, del prólogo de la obra **La Celestina**.

Como el doliente que píldora amarga
O la recela o no puede tragar
Métela adentro de dulce manjar
Engáñase el gusto, la salud se alarga
De esta manera mi pluma se embarga
Imponiendo dichos lascivos, rientes,
Atrae los oídos de penadas gentes.

Por razones idiomáticas, no podemos tampoco analizar los acrósticos alfabéticos de los salmos, que son una delicada obra de la inteligencia de nuestros ancestros.

3. Un recurso literario muy interesante y que los críticos han estudiado durante siglos, es el del salmo 118, llamado "El salmo de la Ley". El mis-

mo está compuesto por 22 estrofas de 8 versículos y todos comienzan, en el texto original, con la misma letra del alfabeto hebreo.

Los 13 géneros rituales de Salterio

Clasificar un libro tan complejo como el Salterio es una tarea difícil, sin embargo resulta imprescindible diferenciar el estilo de los 150 salmos que este libro contiene y agruparlos de un modo coherente, pues en el momento de elegir una plegaria, es importante que el lector tenga en cuenta el sentido profundo de la misma.

Básicamente, puede decirse que los salmos se agrupan en trece géneros literarios. Lo que tienen en común los poemas que pertenecen a cada grupo es una determinada organización interna, que responde pura y exclusivamente al orden de un ritual litúrgico. Por eso preferimos el nombre de géneros rituales para llevar a cabo esta clasificación.

Estos trece géneros son:

1. Las súplicas
2. Los himnos
3. Acción de gracias
4. Liturgia oracular
5. Los salmos reales
6. Los salmos del reino
7. Cánticos de Sión
8. Salmos de peregrinación
9. Salmos graduales
10. Peticiones de bendición
11. Salmos del ritual de la alianza
12. Salmos contra los impíos
13. Salmos del huésped de YHWH (1)

A continuación analizaremos brevemente cada género y clasificaremos las 150 composiciones del Salterio, según la categoría ritual que le corresponda.

(1) Uno de los nombres de Dios, que no debe pronunciarse. En su lugar, puede decirse la palabra Dios.

1. Las súplicas

Este género es el más numeroso. Tal como su nombre lo indica, este género lleva implícito el concepto de efectuar un pedido, pero la diferencia entre el suplicante actual y el antiguo es que hace cientos de años el suplicante se ponía por completo bajo la protección de un espíritu superior, para escapar así de un peligro. Incluso el peligro mismo ponía venir de manos del espíritu protector, si es que deseaba castigar al suplicante.

Todas las religiones conocen las súplicas y la particularidad de los salmos es la belleza y el intenso dramatismo de estos poemas.

Los salmos considerados súplicas son los 6,7, 13, 17, 25, 26, 35, 38, 39, 42, 43, 44, 51, 55, 69, 70, 71, 74, 77, 79, 80, 86, 88, 90, 102, 109, 119, 130, 137, 140, 141, 142, 143.

2. Los himnos

Tan universal como las súplicas, este género consiste en un canto de alabanza al poder divino. Si bien casi todos los salmos alaban a Dios en alguno de sus versos, son himnos propiamente dichos solo los que respetan una cierta estructura ritual que consiste en:

- Una invitación hímnica dirigida al pueblo reunido para el culto religioso.

- El cuerpo del himno, en el cual se alaba a Dios, por ejemplo: Alabad a YHWH...,#hacedor de grandes maravillas...#hacedor del cielo...#desplegador de la tierra sobre las aguas...

En algunos casos también los himnos poseen una conclusión.

Es interesante señalar que, más que alabar a Dios mismo, se alaban sus maravillosas creaciones.

Los salmos considerados himnos son: 8, 19, 33, 65, 92, 104, 113, 117, 138, 146, 147, 148, 149, 150.

3. Acción de gracias

Estos salmos son un agradecimiento a Dios, pero no se trata de un agradecimiento simplemente enunciado, pues se acompañaban siempre por algo similar a lo que hoy conocemos como promesa.

Efectivamente, si alguien estaba en peligro, hacía un voto, prometía realizar un sacrificio de acción de gracias en caso de ser atendido. Este sacrificio debía llevarse a cabo indefectiblemente en el templo de Jerusalén, en presencia de los sacerdotes de Israel. Por lo general, quien hacía una promesa era considerado prácticamente muerto, sin escapatoria ni salvación alguna, y lo que agradecía era la intervención divina que le había permitido volver a la vida, algo así como acceder a la resurrección.

Los salmos de acción de gracias son: 18, 22, 30, 32, 34, 40, 41, 66, 103, 107, 116, 118.

4. Liturgias oraculares

Estos salmos enuncian el deseo ardiente de recibir la palabra de Dios a través del oráculo, es decir, el deseo de conocer el destino. Excepto en el salmo 85 este oráculo es consultado por un rey, por lo cual se supone que corresponde a una liturgia diferente a la del resto de las plegarias. La estructura de estas plegarias es la siguiente.

1) El salmista le pide al oráculo que se pronuncie.

2) Se describe la reacción del hombre ante ese oráculo.

3) Se da a entender que se ha recibido la revelación oracular, generalmente luego de una noche de incubación.

Los salmos oraculares son: 3, 20, 54, 57, 60, 108, 85.

5. Los salmos reales

Israel estaba gobernado por reyes pero, a diferencia de los reyes egipcios, asirios o babilonios, el rey hebreo no era considerado un ser divino, sino un representante de Dios, defensor de los pobres, pastor del pueblo y encargado de encabezar la "guerra santa".

Quien era nombrado rey perdía su antigua identidad y volvía a nacer, recibía en secreto el "protocolo real", un rollo en el que se le revelaba su nuevo nombre y la misión que Dios le confiaba.

Los salmos reales justamente describen distintos momentos de la ceremonia de entronización. Sin embargo, se cree que no describen ninguna entronización concreta sino que son simbólicos, pues describen la entronización del tan esperado mesías, salvador y guía de la humanidad según la fe hebrea.

Los salmos reales son: 2, 21, 45, 72, 89, 101, 110.

6. Salmos del reino

Son similares a los salmos reales porque ponen en escena una entronización, pero en este caso es la de YHWH-rey. Estos salmos celebran aspectos aparentemente contradictorios de Dios, como el de ser rey de Israel y al mismo tiempo de todas las naciones.

Los salmos del reino son: 24, 29, 47, 68, 93, 97, 98, 99.

7. Cánticos de Sión

Sión es el nombre que se daba a Jerusalén o, específicamente, a la zona más sagrada de este sitio histórico. Los cánticos de Sión son himnos que probablemente se compusieron para una fiesta anual que se celebraba en la ciudad, conocida como fiesta de los tabernáculos.

La fiesta de los tabernáculos o fiesta de las tiendas, se llamaba así porque durante ocho días los fieles vivían bajo las tiendas y ramajes; se celebraba a fines de septiembre y durante mucho tiempo fue la fiesta principal de Israel. En sus inicios fue una fiesta agrícola, de agradecimiento por la buena cosecha, pero se convirtió en una celebración que conmemoraba la época en la que los judíos vivieron en el desierto.

En los cánticos de Sión el tema central es que YHWH se da a conocer en Israel, pues lo ha elegido como su lugar de privilegio.

Los cánticos de Sión son: 46, 48, 76, 87, 132.

8. Salmos de peregrinación

Estas plegarias expresan la alegría de los peregrinos que llegan a las puertas del templo. Comprenden una exclamación inicial de alegría y amor, un intercambio de saludos con otros peregrinos y levitas, una "catequesis" elemental en la puerta del templo, una oración de los peregrinos por la ciudad que los recibe y una fórmula de bienvenida de los habitantes de Jerusalén.

Los salmos de peregrinación son: 15, 84, 91, 122 (que es también gradual).

9. Salmos graduales

Se los llama también "cantos de subida" y son quince salmos sucesivos que van marcando las etapas de la subida a Jerusalén, desde que fue anunciada la peregrinación hasta la despedida en el momento de regresar. El camino que estas quince plegarias van trazando es el siguiente.

• Salmo 120: Se prepara la peregrinación.

• Salmo 121: La comunidad local despide a los peregrinos.

• Salmo 122: Llegada a las puertas del templo.

• Salmos 123 y 124: Agradecimiento por el retorno que se ha concretado.

• Salmo 125: Los peregrinos tienen tiempo libre, antes del culto, para recorrer el lugar, reflexionar y orar.

• Salmos 126 a 129: Colectas, bendiciones, petición de cosecha abundante y muchos hijos. Maldición a los enemigos nacionales de Sión.

• Salmo 130: Oración al sacrificio para expiar culpas.

• Salmo 131: Israel, renovado por el sacrificio, renuncia a imaginar su porvenir pues confía en las promesas de Dios.

• Salmo 132: Se celebra con alegría la fiesta real de Sión, renovando la esperanza de la llegada del mesías.

• Salmo 133: Se recuerda la semana transcurrida, en especial el banquete sagrado que siguió al sacrificio de acción de gracias.

• Salmo 134: Despedida y última bendición sacerdotal.

Los salmos graduales van del 120 a 134.

10. Peticiones de bendición

Se pide en estas plegarias la bendición divina para llevar a cabo la misión espiritual que debe efectuarse.

Las peticiones de bendición son los salmos 67 y 144.

11. Salmos del ritual de la alianza

La celebración de la alianza era una fiesta anual, al comienzo de nuestra era, que renovaba justamente la alianza entre Israel y Dios. La alianza es un elemento clave de la revelación judeo-cristiana y por eso el contenido teológico de estos salmos resulta fundamental.

Los salmos de la alianza son los 1, 37, 50, 78, 81, 95, 100, 105, 106, 111, 112, 114, 115, 135,

136, 143.

12. Salmos contra los impíos

Estos salmos solían ser dichos por un profeta, frente al pueblo reunido, para alejar a la gente de los impíos. Los impíos pueden ser tanto los paganos como los violentos, los blasfemos, los opresores de los pobres, los jueces y los príncipes injustos. Suelen ser también oraciones para que YHWH ponga fin a los manejos de los impíos o para agradecer la intervención divina en favor de los fieles.

Los salmos contra los impíos son los 9, 10, 11, 12, 14, 28, 52, 59, 62, 64, 75, 82, 83, 94.

13. Salmo del huésped de YHWH

En estos salmos el personaje central es un rey, un levita o un profeta que consulta a YHWH. Esa consulta se debe a la dificultad de su misión, al altísimo precio que debe pagar por mantener intimidad con Dios. El consultante recibe la respuesta de Dios, en forma de oráculo, en un sueño o, en ciertos casos, por la aparición de YHWH que adopta una forma humana.

Lo que el salmista solicita es que Dios renueve su fe y que esto le impida entregarse a la idolatría, reforzándose así la alianza sagrada.

Se los llama salmos del huésped porque en ellos se remarca la intimidad entre el salmista y YHWH, que le abre su casa, lo acoge en su misterio y lo convierte en un huésped estimado.

Los salmos del huésped de YHWH son

los 4, 5, 16, 23, 27, 31, 49, 61, 63, 73, 139.

El poder curativo de los salmos

Ahora bien, ¿qué importancia tiene el estudio de los salmos para un creyente del siglo XX? ¿Cómo podemos lograr que estas plegarias contribuyan a la curación de nuestros males y a nuestra felicidad?

La respuesta es sencilla: simplemente orando. Aunque para que esta oración surta el efecto deseado, es conveniente tener en cuenta algunos puntos básicos. A saber:

- No perder jamás la fe.
- Orar todos los días, sin excepción, y a la misma hora, durante todo el tiempo que sea necesario.
- No cambiar de plegaria.
- Si oramos para la sanación o la felicidad de otra persona, conocer a esa persona, su nombre y su mal.
- Elegir el salmo adecuado, el que resuene en nuestro espíritu. Se lo puede elegir simplemente por intuición, luego de leer otras plegarias o consultando la guía que figura en el próximo capítulo de este libro.
- En caso de orar por la salud o bienestar de un tercero, esta plegaria puede hacerse en presencia de la persona interesada o a distancia, siempre que se respete la consigna de hacerlo todos los días a la misma hora.
- Se puede orar en voz alta o en silencio, en soledad o en grupo, de rodillas, sentados o de pie. Lo importante, como ya hemos dicho, es que se repita día a día en forma idéntica el modo de orar, hasta que el pedido se cumpla.
- Una vez que se haya superado la prueba, que la salud o la felicidad hayan regresado a la vida del enfermo, hay que seguir orando para agradecerle a Dios su piedad y para continuar purifican-

do nuestro espíritu.

Los beneficios de cada salmo

	Curación física	Curación espiritual	Otros beneficios
Libro I Salmo 1	Afecciones cardíacas. Hipertensión.		
Salmo 2	Evitar contagios.	Contra depresiones.	
Salmo 3	Enfermedades terminales. HIV. Diabetes.		
Salmo 4		Depresión post parto. Depresiones de la tercera edad.	
Salmo 5	Problemas de piel. Psoriasis.		
Salmo 6	Dolor de oídos. Dolor de muelas. Cólicos.		
Salmo 7		Para combatir adicciones.	
Salmo 8	Dolencias infantiles.	Ansiedad. Insomnio.	
Salmo 9		Depresión. Enfermedades nerviosas.	
Salmo 10	Pre operatorio.		
Salmo 11	Convalecencia. Fiebre. Inflamaciones.		
Salmo 12	Enfermedades crónicas.		

	Curación física	**Curación espiritual**	**Otros beneficios**
Salmo 13			Para los familiares de un enfermo que ha perdido las esperanzas.
Salmo 14			Para persistir en casos de tratamientos prolongados.
Salmo 15		Dificultades en el aprendizaje.	Ayuda a la clara expresión de las ideas.
Salmo 16	Dolencias irreversibles.	Para superar la dependencia afectiva.	
Salmo 17	Convalecencia.		Agradecimiento luego de una curación.
Salmo 18	Prevención de abortos.	Presión nerviosa. Vértigo.	
Salmo 19	Catarros leves y severos. Cicatrización de heridas. Pre operatorio.		
Salmo 20	Heridas profundas. Ulceras.		
Salmo 21		Esterilidad. Impotencia.	
Salmo 22	Estreñimiento. Hepatitis. Problemas digestivos.		

	Curación física	**Curación espiritual**	**Otros beneficios**
Salmo 23		Complejos de inferioridad. Fobias. Terrores infantiles. Timidez.	
Salmo 24	Problemas renales.	Pérdida afectiva.	
Salmo 25	Artritis. Dolores musculares. Migraña.		
Salmo 26	Fracturas. Problemas óseos y articulares.		
Salmo 27			Rupturas familiares.
Salmo 28	Bronquitis. Problemas pulmonares.		
Salmo 29		Pensamientos suicidas. Vicios perniciosos.	
Salmo 30		Para encontrar el médico adecuado.	
Salmo 31		Amnesia. Falta de memoria	
Salmo 32			Alejar ladrones. Contra la violencia del medio ambiente. Protección contra accidentes.

	Curación física	Curación espiritual	Otros beneficios
Salmo 33		Aporta serenidad para superar las crisis.	
Salmo 34	Anemia y debilidad. Urticaria.	Mal humor.	
Salmo 35			Para pedir por una cura milagrosa.
Salmo 36	Favorece la longevidad.	Contra la nostalgia por el pasado.	
Salmo 37	Afecciones cardíacas. Cefaleas agudas. Dolores menstruales.		
Salmo 38	Enfermedades del bazo y el páncreas. Pre operatorio.		
Salmo 39			Para enviar luz a quien atraviesa un duelo.
Salmo 40		Crisis de identidad.	Dudas vocacionales.
Salmo 41	Obstrucciones.		
Libro II Salmo 42		Contra dudas e inseguridades. Para superar la tristeza.	

	Curación física	Curación espiritual	Otros beneficios
Salmo 43	Arteriosclerosis.	Amnesia. Angustia.	
Salmo 44	Curación de golpes y heridas.	Contra el resentimiento.	Para evitar el maltrato.
Salmo 45		Pérdida de un ser querido. Soledad. Viudez.	
Salmo 46	Afecciones respiratorias. Confiar en un tratamiento.	Contra la pasividad y la autocompasión.	
Salmo 47	Erupciones. Fiebre.	Contra la agresividad.	Apaciguar impulsos sexuales.
Salmo 48	Artritis. Estimular el sistema inmunológico		
Salmo 49		Cambios traumáticos de hogar o de ciudad. Separaciones.	
Salmo 50	Defectos en la dicción.	Auxilia a quienes temen hablar en público o rendir exámenes orales.	
Salmo 51		Contra el sentimiento de desprotección.	Para quien ha sido víctima de una injusticia.
Salmo 52	Gastritis y úlceras	Suavizar la ira.	Para quienes perdieron la fe.
Salmo 53		Para abandonar una relación opresiva.	En favor de la independencia de los niños.

	Curación física	Curación espiritual	Otros beneficios
Salmo 54		Alteraciones nerviosas. Estrés. Contra miedos y resentimientos.	
Salmo 55			Atrae suerte y protección.
Salmo 56		Alcoholismo. Contra fobias y miedos irracionales. Disputas familiares. Violencia familiar	
Salmo 57	Osteoporosis. Problemas en las rodillas.		Ayuda a mejorar la relación entre padres e hijos.
Salmo 58		Alcoholismo. Drogadependencia.	Protege a los médicos y a las instituciones hospitalarias.
Salmo 59	Desmayos. Hipotensión.		
Salmo 60		Melancolía. Sentimientos de abandono. Paranoia.	
Salmo 61		Fortalece la autoestima.	Contra la avaricia y el egoísmo.
Salmo 62		Bloqueos afectivos.	Para no sobreproteger a los seres queridos.
Salmo 63	Enfermedades del hígado. Enfermedades renales.		Para que la armonía reine en el matrimonio.

	Curación física	Curación espiritual	Otros beneficios
Salmo 64			Ayuda a confiar en el destino. Propicia la abundancia.
Salmo 65	Convalecencias prolongadas.	Apatía. Pesimismo.	
Salmo 66	Anorexia y bulimia. Trastornos generales de la alimentación.		
Salmo 67		Celos entre hermanos.	Favorece la integración de un nuevo hijo.
Salmo 68			Contra todo daño o maleficio.
Salmo 69		Contra la desesperación o el desaliento.	Ayuda a sobrellevar la adversidad. Estados de confusión.
Salmo 70		Contra la pereza y la apatía.	
Salmo 71			Favorece la disciplina y el sentido común. Contra las tentaciones y la corrupción. Ayuda a quien debe tomar una decisión delicada.
Salmo 72	Malestares hepáticos. Hemorragias.	Contrarresta los celos y la envidia	

	Curación física	Curación espiritual	Otros beneficios
Libro III Salmo 73			Para asistir a personas en estado de shock, víctimas de accidentes, agresiones o catástrofes.
Salmo 74			Propicia el sentimiento amoroso hacia los padres. Ayuda a perdonar las ofensas y a sentir piedad.
Salmo 75		Combate la falta de voluntad. Contra los sentimientos de abandono.	
Salmo 76	Enfermedades crónicas. Para el éxito de un trasplante.		
Salmo 77			Para pedir por un adolescente en crisis.
Salmo 78		Contra las actitudes compulsivas. Ayuda a superar el rencor.	
Salmo 79			Para sanar a los animales y a las plantas. Contra plagas en las cosechas.

	Curación física	Curación espiritual	Otros beneficios
Salmo 80	Infecciones en la vista. Infecciones en los oídos.	Enseña a tener cautela y discreción.	
Salmo 81	Anemia. Asma.	Disipa la melancolía y los sentimientos de culpa.	
Salmo 82	Dolores musculares intensos. Hernias.		
Salmo 83	Cataratas. Miopía. Duplica la vitalidad.		
Salmo 84	Fertilidad. Protege el embarazo. Auxilia en caso de partos difíciles		
Salmo 85			Atrae abundancia y protección. Fortalece a los heridos.
Salmo 86			Para pedir por la patria o la tierra natal. Devuelve la fe perdida.
Salmo 87		Brinda consuelo y esperanza.	Para auxiliar a quienes se encuentran postrados o impedidos
Salmo 88		Fortalece a quien debe romper con una relación negativa.	Atrae el verdadero amor.

	Curación física	Curación espiritual	Otros beneficios
Salmo 89		Combate la pereza y la abulia. Serena a quien se descontrola emocionalmente.	
Libro IV Salmo 90	Evita contagios en caso de epidemias o enfermedades infecciosas.		Bendice el hogar y los bienes. Protege de asaltos y accidentes con armas de fuego.
Salmo 91		Ayuda a dejar atrás cualquier vicio.	Para pedir por un familiar alcohólico.
Salmo 92		Para suavizar las crisis emocionales de los adolescentes.	Auxilia a quien debe rendir un examen difícil.
Salmo 93	Enfermedades inmunológicas.		Para que reine la paz entre compañeros de trabajo.
Salmo 94			Propicia una buena cosecha. Ayuda en los negocios y compra de inmuebles. Consuela a quien ha perdido un bien o un ser querido.
Salmo 95	Potencia el efecto de tratamientos alternativos (homeopatía, quiropraxia, medicina floral, etc.).		

	Curación física	Curación espiritual	Otros beneficios
Salmo 96			Para pedir por la salud de seres queridos que viven lejos o en sitios peligrosos.
Salmo 97		Suaviza las tensiones conyugales.	Para orar por la llegada de un niño. Favorece las reconciliaciones.
Salmo 98	Enfermedades eruptivas (rubeola, varicela, sarampión, etc.).		
Salmo 99			Para estar protegido durante un viaje.
Salmo 100		Ayuda a quien lucha por su perfeccionamiento espiritual.	
Salmo 101	Insomnio.	Pesadillas. Combate la tristeza.	
Salmo 102	Arteriosclerosis. Propicia la longevidad.		Para pedir por la estabilidad del trabajo y la familia.
Salmo 103			Favorece la salud de las mascotas y de todo ser viviente. Ruego a favor del equilibrio ecológico en la Tierra.

	Curación física	Curación espiritual	Otros beneficios
Salmo 104		Aclara confusiones emocionales.	Para optar por el camino del bien.
Salmo 105	Actúa benéficamente sobre los órganos reproductores.		Concede buena suerte a la familia.
Salmo 106	Para evitar recaídas, luego de una dolencia prolongada.		
Libro V Salmo 107	Para un embarazo y un nacimiento feliz.		Protección en conflictos legales.
Salmo 108		Fobias. Vértigo.	Ayuda a liberarse de personas opresoras.
Salmo 109			Para enviar luz a seres queridos que están en mala compañía. Suaviza el vínculo entre familias políticas.
Salmo 110		Para una vida íntima satisfactoria. Equilibra cuerpo, mente y espíritu.	
Salmo 111		Creatividad. Permite sobreponerse a una mala noticia.	
Salmo 112		Contra el aislamiento. Para vencer tendencias autodestructivas.	

Salmo:	Curación física:	Curación espiritual:	Otros beneficios:
Salmo 113		Ayuda a quienes tienen defectos físicos y se sienten discriminados	
Salmo 114		Asiste a quienes desean ser perdonados por seres queridos.	Neutraliza cualquier daño o energía negativa. Ahuyenta la desesperación y la tristeza.
Salmo 115	Ahogos y palpitaciones. Disminución de la capacidad respiratoria.	Atrae amigos y afecto.	
Salmo 116			Agradecimiento, después de una curación.
Salmo 117		Para quien inicia una búsqueda espiritual.	Ayuda a la purificación de quien ha cometido una acción negativa. Da fuerzas para resistir toda adversidad y continuar luchando.
Salmo 118		Alivia toda pena y toda enfermedad. Afianza las relaciones amorosas inestables.	Para pedir por el reino del amor en el mundo. Ruego especial de las madres por el bien de sus hijos.
Salmo 119	Disfonías. Disfunciones en el habla.	Problemas de comunicación. Tartamudez.	Ilumina a quienes desean hallar su auténtica vocación.

	Curación física	Curación espiritual	Otros beneficios
Salmo 120	Empacho. Herpes. Culebrilla.		Potencia el efecto curativo de las tisanas y otros remedios caseros Protege el hogar, al estar en ausencia del mismo.
Salmo 121		Permite juzgar correctamente una situación.	Ayuda a educar a los niños con amor y disciplina.
Salmo 122		Firmeza de carácter. Optimismo.	
Salmo 123		Ayuda a enfrentar pruebas difíciles.	Orienta en el cumplimiento de nuestra misión terrenal.
Salmo 124		Brinda dulzura y prudencia. Evita agresiones y peleas.	Para pedir por la paz de quienes suelen irritarse con facilidad.
Salmo 125			Contrarresta injusticias ya cometidas. Ruego por la unión de los pueblos.
Salmo 126			Para bendecir un nuevo hogar.
Salmo 127			Aleja para siempre a quienes desean causarnos daño. Reconocer a tiempo malas influencias.

	Curación física	**Curación espiritual**	**Otros beneficios**
Salmo 128			Auxilia a los jóvenes que abandonan el hogar paterno. Favorece los ideales justos y a quienes luchan por ellos. Para pedir por el triunfo de la verdad.
Salmo 129		Combate rencores y resentimientos. Facilita el arrepentimiento de quien ha causado un daño.	
Salmo 130	Obstrucciones intestinales. Obstrucciones cardiovasculares. Várices.		Destraba todos los caminos. Por el progreso en la profesión.
Salmo 131		Crisis en la familia a causa de separaciones o fallecimientos.	Para pedir por niños que deben enfrentarse con cambios de residencia o escuela.
Salmo 132		Ayuda a que reine el amor entre hermanos. Unidad familiar y solidaridad entre vecinos. Suaviza la competencia entre compañeros o colegas.	

	Curación física	Curación espiritual	Otros beneficios
Salmo 133			Confiere prosperidad y éxito.
Salmo 134			Ayuda a quienes han sido engañados de buena fe. Contrarresta el exceso de materialismo. Multiplica las energías.
Salmo 135		Aporta sentido común y madurez. Para los jóvenes que temen casarse o ser padres.	Auxilia a quienes deben hablar en público.
Salmo 136			Para pedir por quienes emprenden una nueva vida. Protege a quienes se radican en tierras lejanas.
Salmo 137			Atrae ayuda en momenos críticos Propicia la expansión y el progreso material.
Salmo 138			Ayuda en la oración y la meditación. Para quien desea pedir que le sea revelada su misión terrena.
Salmo 139		Confiere audacia a quien enfrenta serios peligros.	Unión de la familia contra amenazas externas.

	Curación física	Curación espiritual	Otros beneficios
			Por el bienestar material de grandes grupos humanos.
Salmo 140		Contrarresta la ira, la envidia y la lujuria.	Para eliminar las tendencias negativas del espíritu.
Salmo 141			Purificación espiritual. Confiere luz a quien está atormentado por las dudas.
Salmo 142	Ayuda a los pequeños que comienzan a caminar.	Favorece la autonomía en los jóvenes.	Para pedir por quien no logra valerse por sí mismo.
Salmo 143			Ayuda a que los competidores desleales fracasen. Plegaria por la prosperidad hogareña.
Salmo 144		Favorece la adaptación a situaciones nuevas, tanto en niños como adultos.	Ayuda a encontrar objetos desaparecidos. Para agradecer a Dios por bienes y dones concedidos.
Salmo 145	Ayuda a quienes deben utilizar aparatos ortopédicos o prótesis. Vigoriza a quienes tienen huesos frágiles.		Fortalece el ánimo de quienes trabajan con enfermos, discapacitados o niños abandonados.

	Curación física	**Curación espiritual**	**Otros beneficios**
Salmo 146			Para detener a quienes agreden a cualquier ser de la creación. Plegaria por la salvación de la Madre Tierra.
Salmo 147		Contra problemas de convivencia.	Protege a quienes están en ambientes muy negativos.
Salmo 148			Atrae la buena suerte financiera y la prosperidad. Para agradecer ganancias en el juego y los negocios. Por la fertilidad de la tierra y de los animales.
Salmo 149	Ilumina a quien debe tomar una decisión trascendente.		Facilita el trabajo de los profesio nales de la salud.
Salmo 150			Canto de alabanza, al cumplirse un deseo muy esperado. Para agradecer por el bienestar propio y de los seres queridos.

Los salmos de la Biblia

Libro I

Salmo 1

Bienaventurado el varón que no anduvo en consejo de malos, ni estuvo en camino de pecadores, ni en silla de escarnecedores se ha sentado;

2 sino que en la ley de Jehová está su delicia, y en su ley medita de día y de noche.

3 Será como árbol plantado junto a corrientes de aguas, que da su fruto en su tiempo, y su hoja no cae; y todo lo que hace, prosperará.

4 No así los malos, que son como el tamo que arrebata el viento.

5 Por tanto, no se levantarán los malos en el juicio, ni los pecadores en la congregación de los justos.

6 Porque Jehová conoce el camino de los justos; mas la senda de los malos perecerá.

Salmo 2

¿Por qué se amotinan las gentes, y los pueblos piensan cosas vanas?

2 Se levantarán los reyes de la tierra, y príncipes consultarán unidos contra Jehová y contra su ungido, diciendo:

3 Rompamos sus ligaduras, y echemos de nosotros sus cuerdas.

4 El que mora en los cielos se reirá; el Señor se burlará de ellos.

5 Luego hablará a ellos en su furor, y los turbará con su ira.

6 Pero yo he puesto mi rey sobre Sión, mi santo monte.

7 Yo publicaré el decreto; Jehová me ha dicho: Mi hijo eres tú; yo te engendré hoy.

8 Pídeme, y te daré por herencia las naciones, y como posesión tuya los confines de la tierra.

9 Los quebrantarás con vara de hierro; como vasija de alfarero los desmenuzarás.

10 Ahora, pues, oh reyes, sed prudentes; admitid amonestación, jueces de la tierra.

11 Servid a Jehová con temor, y alegráos con temblor.

12 Honrad al Hijo, para que no se enoje, y perezcáis en el camino; pues se inflama de pronto su ira. Bienaventurados los que en él confían.

Salmo 3

Salmo de David, cuando huía de delante de Absalón su hijo.

¡Oh Jehová, cuánto se han multiplicado mis adversarios! Muchos son los que se levantan contra mí.

2 Muchos son los que dicen de mí: No hay para él salvación en Dios. Selah.

3 Mas tú, Jehová, eres escudo alrededor de mí; mi gloria, y el que levanta mi cabeza.

4 Con mi voz clamé a Jehová, y él me respondió desde su monte santo. Selah.

5 Yo me acosté y dormí, y desperté, porque Jehová me sustentaba.

6 No temeré a diez millares de gente, que pusieren sitio contra mí.

7 Levántate, Jehová; sálvame, Dios mío; porque tú heriste a todos mis enemigos en la mejilla; los dientes de los perversos quebrantaste.

8 La salvación es de Jehová; sobre tu pueblo sea tu bendición. Selah.

Salmo 4

Al músico principal; sobre Neginot.
Salmo de David.

Respóndeme cuando clamo, oh Dios de mi justicia. Cuando estaba en angustia, tú me hiciste ensanchar; ten misericordia de mí, y oye mi oración.

2 Hijos de los hombres, ¿hasta cuándo volveréis mi honra en infamia, amaréis la vanidad, y buscaréis la mentira? Selah.

3 Sabed, pues, que Jehová ha escogido al piadoso para sí; Jehová oirá cuando yo a él clamare.

4 Temblad, y no pequéis; meditad en vuestro corazón estando en vuestra cama, y callad. Selah.

5 Ofreced sacrificios de justicia, y confiad en Jehová.

6 Muchos son los que dicen: ¿Quién nos mostrará el bien? Alza sobre nosotros, oh Jehová, la luz de tu rostro.

7 Tú diste alegría a mi

corazón, mayor que la de ellos cuando abundaba su grano y su mosto.

8 En paz me acostaré, y asimismo dormiré; porque sólo tú, Jehová, me haces vivir confiado.

Salmo 5

Al músico principal; sobre Nehilot.

Salmo de David.

Escucha, oh Jehová, mis palabras; considera mi gemir.

2 Está atento a la voz de mi clamor, Rey mío y Dios mío, porque a ti oraré.

3 Oh Jehová, de mañana oirás mi voz; de mañana me presentaré delante de ti, y esperaré.

4 Porque tú no eres un Dios que se complace en la maldad; el malo no habitará junto a ti.

5 Los insensatos no estarán delante de tus ojos; aborreces a todos los que hacen iniquidad.

6 Destruirás a los que hablan mentira; al hombre sanguinario y engañador abominará Jehová.

7 Mas yo, por la abundancia de tu misericordia, entraré en tu casa; adoraré hacia tu santo templo en tu temor.

8 Guíame, Jehová, en tu justicia, a causa de mis enemigos; endereza, delante de mí, tu camino.

9 Porque en la boca de ellos no hay sinceridad; sus entrañas son maldad, sepulcro abierto es su garganta, con su lengua hablan lisonjas.

10 Castígalos, oh Dios; caigan por sus mismos consejos; por la multitud de sus transgresiones échalos fuera, porque se rebelaron contra ti.

11 Pero alégrense todos los que en ti confían; den voces de júbilo para siempre, porque tú los defiendes; en ti se regocijen los que aman tu nombre.

12 Porque tú, oh Jehová, bendecirás al justo; como con un escudo lo rodearás de tu favor.

Salmo 6

Al músico principal; en Neginot, sobre Seminit. Salmo de David.

Jehová, no me reprendas en tu enojo, ni me castigues con tu ira.

2 Ten misericordia de mí, oh Jehová, porque estoy enfermo; sáname, oh Jehová, porque mis huesos se estremecen.

3 Mi alma también está muy turbada; y tú, Jehová, ¿hasta cuándo?

4 Vuélvete, oh Jehová, libra mi alma; sálvame por tu misericordia.

5 Porque en la muerte no hay memoria de ti; en el Seol ¿quién te alabará?

6 Me he consumido a fuerza de gemir; todas las noches inundo de llanto mi lecho, riego mi cama con mis lágrimas.

7 Mis ojos están gastados de sufrir; se han envejecido a causa de todos mis angustiadores.

8 Apartaos de mí, todos los hacedores de iniquidad; porque Jehová ha oído la voz de mi lloro.

9 Jehová ha oído mi ruego; ha recibido Jehová mi oración.

10 Se avergonzarán y se turbarán mucho todos mis enemigos; se volverán y serán avergonzados de repente.

Salmo 7

Sigaión de David, que cantó a Jehová acerca de las palabras de Cus hijo de Benjamín.

Jehová, Dios mío, en ti he confiado; sálvame de todos los que me persiguen, y líbrame,

2 no sea que desgarren mi alma cual león, y me destrocen sin que haya quien me libre.

3 Jehová, Dios mío, si yo he hecho esto, si hay en mis manos iniquidad;

4 si he dado mal pago al que estaba en paz conmigo (antes he libertado al que sin causa era mi enemigo),

5 persiga el enemigo mi alma, y alcáncela; huelle en tierra mi vida, y mi honra ponga en el polvo. Selah.

6 Levántate, oh Jehová, en tu ira; álzate en contra de la furia de mis angustiadores, y despierta en favor mío el juicio que mandaste.

7 Te rodeará congregación de pueblos, y sobre ella vuélvete a sentar en alto.

8 Jehová juzgará a los pueblos; júzgame, oh Je-

hová, conforme a mi justicia, y conforme a mi integridad.

9 Fenezca ahora la maldad de los inicuos, mas establece tú al justo; porque el Dios justo prueba la mente y el corazón.

10 Mi escudo está en Dios, que salva a los rectos de corazón.

11 Dios es juez justo, y Dios está airado contra el impío, todos los días.

12 Si no se arrepiente, él afilará su espada; armado tiene ya su arco, y lo ha preparado.

13 Asimismo ha preparado armas de muerte, y ha labrado saetas ardientes.

14 He aquí, el impío concibió maldad, se preñó de iniquidad, y dio a luz engaño.

15 Pozo ha cavado, y lo ha ahondado; y en el hoyo que hizo caerá.

16 Su iniquidad volverá sobre su cabeza, y su agravio caerá sobre su propia coronilla.

17 Alabaré a Jehová conforme a su justicia, y cantaré al nombre de Jehová el Altísimo.

Salmo 8

Al músico principal; sobre Gitit. Salmo de David.

¡Oh Jehová, Señor nuestro, cuán glorioso es tu nombre en toda la tierra! Has puesto tu gloria sobre los cielos;

2 de la boca de los niños y de los que maman, fundaste la fortaleza, a causa de tus enemigos, para hacer callar al enemigo y al vengativo.

3 Cuando veo tus cielos, obra de tus dedos, la luna y las estrellas que tú formaste,

4 digo: ¿qué es el hombre, para que tengas de él memoria, y el hijo del hombre, para que lo visites?

5 Le has hecho poco menos que los ángeles, y lo coronaste de gloria y de honra.

6 Le hiciste señorear sobre las obras de tus manos; todo lo pusiste debajo de sus pies:

7 ovejas y bueyes, todo ello, y asimismo las bestias del campo,

8 las aves de los cielos y los peces del mar; todo cuanto pasa por los senderos del mar.

9 ¡Oh Jehová, Señor nuestro, cuán grande es tu nombre en toda la tierra!

Salmo 9

Al músico principal; sobre Mut-labén, Salmo de David.

Te alabaré, oh Jehová, con todo mi corazón; contaré todas tus maravillas.

2 Me alegraré y me regocijaré en ti; cantaré a tu nombre, oh Altísimo.

3 Mis enemigos volvieron atrás; cayeron y perecieron delante de ti.

4 Porque has mantenido mi derecho y mi causa; te has sentado en el trono juzgando con justicia.

5 Reprendiste a las naciones, destruiste al malo, borraste el nombre de ellos eternamente y para siempre.

6 Los enemigos han perecido; han quedado desolados para siempre; y las ciudades que derribaste, su memoria pereció con ellas.

7 Pero Jehová permanecerá para siempre; ha dispuesto su trono para juicio.

8 El juzgará al mundo con justicia, y a los pueblos con rectitud.

9 Jehová será refugio del pobre, refugio para el tiempo de angustia.

10 En ti confiarán los que conocen tu nombre, por cuanto tú, oh Jehová, no desamparaste a los que te buscaron.

11 Cantad a Jehová, que habita en Sión; publicad entre los pueblos sus obras.

12 Porque el que demanda la sangre se acordó de ellos; no se olvidó del clamor de los afligidos.

13 Ten misericordia de mí, Jehová; mira mi aflicción que padezco a causa de los que me aborrecen, tú que me levantas de las puertas de la muerte,

14 para que cuente yo todas tus alabanzas en las puertas de la hija de Sión, y me goce en tu salvación.

15 Se hundieron las naciones en el hoyo que hicieron; en la red que escondieron fue tomado su pie.

16 Jehová se ha hecho conocer en el juicio que ejecutó; en la obra de sus manos fue enlazado el malo. Higaión. Selah.

17 Los malos serán

trasladados al Seol, todas las gentes que se olvidan de Dios.

18 Porque no para siempre será olvidado el menesteroso, ni la esperanza de los pobres perecerá perpetuamente.

19 Levántate, oh Jehová; no se fortalezca el hombre; sean juzgadas las naciones delante de ti.

20 Pon, oh Jehová, temor en ellos; conozcan las naciones que no son sino hombres. Selah.

Salmo 10

¿Por qué estás lejos, oh Jehová. Y te escondes en el tiempo de la tribulación?

2 Con arrogancia el malo persigue al pobre; será atrapado en los artificios que ha ideado.

3 Porque el malo se jacta del deseo de su alma, bendice al codicioso, y desprecia a Jehová.

4 El malo, por la altivez de su rostro, no busca a Dios; no hay Dios en ninguno de sus pensamientos.

5 Sus caminos son torcidos en todo tiempo; tus juicios los tiene muy lejos de su vista; a todos sus adversarios desprecia.

6 Dice en su corazón: no seré movido jamás; nunca me alcanzará el infortunio.

7 Llena está su boca de maldición, y de engaños y fraude; debajo de su lengua hay vejación y maldad.

8 Se sienta en acecho cerca de las aldeas; en escondrijos mata al inocente. Sus ojos están acechando al desvalido;

9 acecha en oculto, como el león desde su cueva; acecha para arrebatar al pobre; arrebata al pobre trayéndolo a su red.

10 Se encoge, se agacha, y caen en sus fuertes garras muchos desdichados.

11 Dice en su corazón: Dios ha olvidado; ha encubierto su rostro; nunca lo verá.

12 Levántate, oh Jehová Dios, alza tu mano; no te olvides de los pobres.

13 ¿Por qué desprecia el malo a Dios? En su corazón ha dicho: Tú no lo inquirirás.

14 Tú lo has visto; porque miras el trabajo y la vejación, para dar la recompensa con tu mano; a ti se acoge el desvalido; tú eres el amparo del huérfano.

15 Quebranta tú el brazo del inicuo, y persigue la maldad del malo hasta que no halles ninguna.

16 Jehová es Rey eternamente y para siempre; de su tierra han perecido las naciones.

17 El deseo de los humildes oíste, oh Jehová; tú dispones su corazón, y haces atento tu oído,

18 para juzgar al huérfano y al oprimido, a fin de que no vuelva más a hacer violencia el hombre de la tierra.

Salmo 11

Al músico principal. Salmo de David.

En Jehová he confiado; ¿cómo decís a mi alma, que escape al monte cual ave?

2 Porque he aquí, los malos tienden el arco, disponen sus saetas sobre la cuerda, para asaetear en oculto a los rectos de corazón.

3 Si fueren destruidos los fundamentos, ¿qué ha de hacer el justo?

4 Jehová está en su santo templo; Jehová tiene en el cielo su trono; sus ojos ven, sus párpados examinan a los hijos de los hombres.

5 Jehová prueba al justo; pero al malo y al que ama la violencia, su alma los aborrece.

6 Sobre los malos hará llover calamidades; fuego, azufre y viento abrasador será la porción del cáliz de ellos.

7 Porque Jehová es justo, y ama la justicia; el hombre recto mirará su rostro.

Salmo 12

Al músico principal; sobre Seminit. Salmo de David.

Salva, oh Jehová, porque se acabaron los piadosos; porque han desaparecido los fieles de entre los hijos de los hombres.

2 Habla mentira cada uno con su prójimo; hablan con labios lisonjeros, y con doblez de corazón.

3 Jehová destruirá todos los labios lisonjeros, y la lengua que habla jactanciosamente;

4 a los que han dicho: por nuestra lengua prevaleceremos; nuestros labios son nuestros; ¿quién es señor de nosotros?

5 Por la opresión de los pobres, por el gemido de los menesterosos, ahora me levantaré, dice Jehová; pondré en salvo al que por ello suspira.

6 Las palabras de Jehová son palabras limpias, como plata refinada en horno de tierra, purificada siete veces.

7 Tú, Jehová, los guardarás; de esta generación los preservarás para siempre.

8 Cercando andan los malos, cuando la vileza es exaltada entre los hijos de los hombres.

Salmo 13

Al músico principal. Salmo de David.

¿Hasta cuándo, Jehová? ¿Me olvidarás para siempre? ¿Hasta cuándo esconderás tu rostro de mí?

2 ¿Hasta cuándo pondré consejos en mi alma, con tristezas en mi corazón cada día? ¿Hasta cuándo será enaltecido mi enemigo sobre mí?

3 Mira, respóndeme, oh Jehová Dios mío; alumbra mis ojos, para que no duerma de muerte;

4 para que no diga mi enemigo: lo vencí. Mis enemigos se alegrarían, si yo resbalara.

5 Mas yo en tu misericordia he confiado; mi corazón se alegrará en tu salvación.

6 Cantaré a Jehová, porque me ha hecho bien.

Salmo 14

Al músico principal. Salmo de David.

Dice el necio en su corazón: No hay Dios. Se han corrompido, hacen obras abominables; no hay quien haga el bien.

2 Jehová miró desde los cielos sobre los hijos de los hombres, para ver si había algún entendido, que buscara a Dios.

3 Todos se desviaron, a una se han corrompido; no hay quien haga lo bueno, no hay ni siquiera uno.

4 ¿No tienen discernimiento todos los que hacen iniquidad, que devoran a mi pueblo como si comiesen pan, y a Jehová no invocan?

5 Ellos temblaron de espanto; porque Dios está con la generación de los justos.

6 Del consejo del pobre se han burlado, pero Jehová es su esperanza.

7 ¡Oh, que de Sión saliera la salvación de Israel! Cuando Jehová hiciere volver a los cautivos de su pueblo, se gozará Jacob, y se alegrará Israel.

Salmo 15

Salmo de David.

Jehová, ¿quién habitará en tu tabernáculo? ¿Quién morará en tu monte santo?

2 El que anda en integridad y hace justicia, y habla verdad en su corazón.

3 El que no calumnia con su lengua, ni hace mal a su prójimo, ni admite reproche alguno contra su vecino.

4 Aquél a cuyos ojos el vil es menospreciado, pero honra a los que temen a Jehová. El que aun jurando en daño suyo, no por eso cambia;

5 quien su dinero no dio a usura, ni contra el inocente admitió cohecho. El que hace estas cosas, no resbalará jamás.

Salmo 16

Mictam de David.

Guárdame, oh Dios, porque en ti he confiado.

2 Oh alma mía, dijiste a Jehová: Tú eres mi Señor; no hay para mí bien fuera de ti.

3 Para los santos que están en la tierra, y para los íntegros, es toda mi complacencia.

4 Se multiplicarán los dolores de aquellos que sirven diligentes a otro dios. No ofreceré yo sus libaciones de sangre, ni en mis labios tomaré sus nombres.

5 Jehová es la porción de mi herencia y de mi copa; tú sustentas mi suerte.

6 Las cuerdas me cayeron en lugares deleitosos, y es hermosa la heredad que me ha tocado.

7 Bendeciré a Jehová que me aconseja; aun en las noches me enseña mi conciencia.

8 A Jehová he puesto siempre delante de mí; porque está a mi diestra, no seré conmovido.

9 Se alegró por tanto mi corazón, y se gozó mi alma; mi carne también reposará confiadamente;

10 porque no dejarás mi alma en el Seol, ni permitirás que tu santo vea corrupción.

11 Me mostrarás la senda de la vida; en tu presencia hay plenitud de gozo; delicias a tu diestra para siempre.

Salmo 17

Oración de David

Oye, oh Jehová, una causa justa; está atento a mi clamor. Escucha mi oración hecha de labios sin engaño.

2 De tu presencia proceda mi vindicación; vean tus ojos la rectitud.

3 Tú has probado mi corazón, me has visitado de noche; me has puesto a prueba, y nada inicuo hallaste; he resuelto que mi boca no haga transgresión.

4 En cuanto a las obras humanas, por la palabra de tus labios yo me he guardado de las sendas de los violentos.

5 Sustenta mis pasos en tus caminos, para que mis pies no resbalen.

6 Yo te he invocado, por cuanto tú me oirás, oh Dios; inclina a mí tu oído, escucha mi palabra.

7 Muestra tus maravillosas misericordias, tú que salvas a los que se refugian a tu diestra, de los que se levantan contra ellos.

8 Guárdame como a la niña de tus ojos; escóndeme bajo la sombra de tus alas,

9 de la vista de los malos que me oprimen, de mis enemigos que buscan mi vida.

10 Envueltos están con su grosura; con su boca hablan arrogantemente.

11 Han cercado ahora nuestros pasos; tienen puestos sus ojos para echarnos por tierra.

12 Son como león que desea hacer presa, y como leoncillo que está en su escondite.

13 Levántate, oh Jehová; sal a su encuentro, póstrales; libra mi alma de los malos con tu espada,

14 de los hombres con tu mano, oh Jehová, de los

hombres mundanos, cuya porción la tienen en esta vida, y cuyo vientre está lleno de tu tesoro. Sacian a sus hijos, y aún sobra para sus pequeñuelos.

15 En cuanto a mí, veré tu rostro en justicia; estaré satisfecho cuando despierte a tu semejanza.

Salmo 18

Al músico principal. Salmo de David, siervo de Jehová, el cual dirigió a Jehová las palabras de este cántico el día que le libró Jehová de mano de todos sus enemigos, y de mano de Saúl. Entonces dijo:

Te amo, oh Jehová, fortaleza mía.

2 Jehová, roca mía y castillo mío, y mi libertador; Dios mío, fortaleza mía, en él confiaré; mi escudo, y la fuerza de mi salvación, mi alto refugio.

3 Invocaré a Jehová, quien es digno de ser alabado, y seré salvo de mis enemigos.

4 Me rodearon ligaduras de muerte, y torrentes de perversidad me atemorizaron.

5 Ligaduras del Seol me rodearon, me tendieron lazos de muerte.

6 En mi angustia invoqué a Jehová, y clamé a mi Dios. El oyó mi voz desde su templo, y mi clamor llegó delante de él, a sus oídos.

7 La tierra fue conmovida y tembló; se conmovieron los cimientos de los montes, y se estremecieron, porque se indignó él.

8 Humo subió de su nariz, y de su boca fuego consumidor; carbones fueron por él encendidos.

9 Inclinó los cielos, y descendió; y había densas tinieblas debajo de sus pies.

10 Cabalgó sobre un querubín, y voló; voló sobre las alas del viento.

11 Puso tinieblas por su escondedero, por cortina suya alrededor de sí; oscuridad de aguas, nubes de los cielos.

12 Por el resplandor de su presencia, sus nubes pasaron; granizo y carbones ardientes.

13 Tronó en los cielos Jehová, y el Altísimo dio su voz; granizo y carbones de fuego.

14 Envió sus saetas, y los dispersó; lanzó relámpagos, y los destruyó.

15 Entonces aparecieron los abismos de las aguas, y quedaron al descubierto los cimientos del mundo, a tu represión, oh Jehová, por el soplo del aliento de tu nariz.

16 Envió desde lo alto; me tomó, me sacó de las muchas aguas.

17 Me libró de mi poderoso enemigo, y de los que me aborrecían; pues eran más fuertes que yo.

18 Me asaltaron en el día de mi quebranto, mas Jehová fue mi apoyo.

19 Me sacó a lugar espacioso; me libró, porque se agradó de mí.

20 Jehová me ha premiado conforme a mi justicia; conforme a la limpieza de mis manos me ha recompensado.

21 Porque yo he guardado los caminos de Jehová, y no me aparté impíamente de mi Dios.

22 Pues todos sus juicios estuvieron delante de mí, y no me he apartado de sus estatutos.

23 Fui recto para con él, y me he guardado de mi maldad,

24 por lo cual me ha recompensado Jehová conforme a mi justicia; conforme a la limpieza de mis manos delante de su vista.

25 Con el misericordioso te mostrarás misericordioso, y recto para con el hombre íntegro.

26 Limpio te mostrarás para con el limpio, y severo serás para con el perverso.

27 Porque tú salvarás al pueblo afligido, y humillarás los ojos altivos.

28 Tú encenderás mi lámpara; Jehová mi Dios alumbrará mis tinieblas.

29 Contigo desbarataré ejércitos, y con mi dios asaltaré muros.

30 En cuanto a Dios, perfecto es su camino, y acrisolada la palabra de Jehová; escudo es a todos los que en él esperan.

31 Porque ¿quién es Dios, sino sólo Jehová; escudo es a todos los que en él esperan.

32 Dios es el que me ciñe de poder, y quien hace perfecto mi camino;

33 quien hace mis pies como de ciervas, y me hace estar firme sobre mis alturas;

34 quien adiestra mis manos para la batalla, para

entesar con mis brazos el arco de bronce.

35 Me diste asimismo el escudo de tu salvación; tu diestra me sustentó, y tu benignidad me ha engrandecido.

36 Ensanchaste mis pasos debajo de mí, y mis pies no han resbalado.

37 Perseguí a mis enemigos y los alcancé, y no volví hasta acabarlos.

38 Los herí de modo que no se levantasen; cayeron debajo de mis pies.

39 Pues me ceñiste de fuerzas para la pelea; has humillado a mis enemigos debajo de mí.

40 Has hecho que mis enemigos me vuelvan las espaldas, para que yo destruya a los que me aborrecen.

41 Clamaron, y no hubo quien salvase; aun a Jehová, pero no los oyó.

42 Y los molí como polvo delante del viento; los eché fuera como lodo de las calles.

43 Me has librado de las contiendas del pueblo; me has hecho cabeza de las naciones; pueblo que yo no conocía me sirvió.

44 Al oír de mí me obedecieron; los hijos de los extraños se sometieron a mí.

45 Los extraños se debilitaron y salieron temblando de sus encierros.

46 Viva Jehová, y bendita sea mi roca, y enaltecido sea el Dios de mi salvación;

47 el Dios que venga mis agravios, y somete pueblos debajo de mí;

48 el que me libra de mis enemigos, y aun me eleva sobre los que se levantan contra mí; me libraste de varón violento.

49 Por tanto, yo te confesaré entre las naciones, oh Jehová, y cantaré a tu nombre.

50 Grandes triunfos da a su rey, y hace misericordia a su ungido, a David y a su descendencia, para siempre.

Salmo 19

Al músico principal. Salmo de David.

Los cielos cuentan la gloria de Dios y el firmamento anuncia la obra de sus manos.

2 Un día emite palabra a otro día, y una noche a otra noche declara sabiduría.

3 No hay lenguaje, ni palabras, ni es oída su voz.

4 Por toda la tierra salió su voz, y hasta el extremo del mundo sus palabras. En ellos puso tabernáculo para el sol;

5 y éste, como esposo que sale de su tálamo, se alegra cual gigante para correr el camino.

6 De un extremo de los cielos es su salida, y su curso hasta el término de ellos; y nada hay que se esconda de su calor.

7 La ley de Jehová es perfecta, que convierte el alma; el testimonio de Jehová es fiel, que hace sabio al sencillo.

8 Los mandamientos de Jehová son rectos, que alegran el corazón; el precepto de Jehová es puro, que alumbra los ojos.

9 El temor de Jehová es limpio, que permanece para siempre; los juicios de Jehová son verdad, todos justos.

10 Deseables son más que el oro, y más que mucho oro afinado; y dulces más que miel, y que la que destila del panal.

11 Tu siervo es además amonestado con ellos; en guardarlos hay grande galardón.

12 ¿Quién podrá entender sus propios errores? Líbrame de los que me son ocultos.

13 Preserva también a tu siervo de las soberbias; que no se enseñoreen de mí; entonces seré íntegro, y estaré limpio de gran rebelión.

14 Sean gratos los dichos de mi boca y la meditación de mi corazón delante de ti, oh Jehová, roca mía, y redentor mío.

Salmo 20

Al músico principal. Salmo de David.

Jehová te oiga en el día de conflicto; el nombre del Dios de Jacob te defienda.

2 Te envíe ayuda desde el santuario, y desde Sión te sostenga.

3 Haga memoria de todas tus ofrendas, y acepte tu holocausto. Selah.

4 Te dé conforme al deseo de tu corazón, y cumpla todo tu consejo.

5 Nosotros nos alegraremos en tu salvación, y alzaremos pendón en el nombre de nuestro Dios; conceda Jehová todas tus peticiones.

6 Ahora conozco que Jehová salva a su ungido; lo oirá desde sus santos cielos con la potencia salvadora de su diestra.

7 Estos confían en carros, y aquéllos en caballos; mas nosotros, del nombre de Jehová nuestro Dios tendremos memoria.

8 Ellos flaquean y caen, mas nosotros nos levantamos y estamos en pie.

9 Salva, Jehová; que el Rey nos oiga en el día que lo invoquemos.

Salmo 21

Al músico principal. Salmo de David.

El rey se alegra en tu poder, oh Jehová; y en tu salvación, ¡cómo se goza!

2 Le has concedido el deseo de su corazón, y no le negaste la petición de sus labios. Selah.

3 Porque le has salido al encuentro con bendiciones de bien; corona de oro fino has puesto sobre su cabeza.

4 Vida te demandó, y se la diste; largura de días eternamente y para siempre.

5 Grande es su gloria en tu salvación; honra y majestad has puesto sobre él.

6 Porque lo has bendecido para siempre; lo llenaste de alegría con tu presencia.

7 Por cuanto el rey confía en Jehová, y en la misericordia del Altísimo, no será conmovido.

8 Alcanzará tu mano a todos tus enemigos; tu diestra alcanzará a los que te aborrecen.

9 Los pondrás como horno de fuego en el tiempo de tu ira; Jehová los deshará en su ira, y fuego los consumirá.

10 Su fruto destruirás de la tierra, y su descendencia de entre los hijos de los hombres.

11 Porque intentaron el mal contra ti; fraguaron maquinaciones, mas no prevalecerán,

12 pues tú los pondrás en fuga; en tus cuerdas dispondrás saetas contra sus rostros.

13 Engrandécete, oh Jehová, en tu poder; cantaremos y alabaremos tu poderío.

Salmo 22

Al músico principal; sobre Ajelet-sahar. Salmo de David.

Dios mío, Dios mío, ¿por qué me has desamparado? ¿Por qué estás tan lejos de mi salvación, y de las palabras de mi clamor?

2 Dios mío, clamo de día y no respondes; y de noche, y no hay para mi reposo.

3 Pero tú eres santo, tú que habitas entre las alabanzas de Israel.

4 En ti esperaron nuestros padres; esperaron y tú los libraste.

5 Clamaron a ti y fueron librados; confiaron en ti y no fueron avergonzados.

6 Mas yo soy gusano y no hombre; oprobio de los hombres, y despreciado del pueblo.

7 Todos los que me ven me escarnecen; estiran la boca, menean la cabeza, diciendo:

8 se encomendó a Jehová; líbrele él; sálvele, puesto que en él se complacía.

9 Pero tú eres el que me sacó del vientre; el que me hizo estar confiado desde que estaba a los pechos de mi madre.

10 Sobre ti fui echado desde antes de nacer; desde el vientre de mi madre, tú eres mi Dios.

11 No te alejes de mí, porque la angustia está cerca; porque no hay quien ayude.

12 Me han rodeado muchos toros; fuertes toros de Basán me han cercado.

13 Abrieron sobre mí su boca como león rapaz y rugiente.

14 He sido derramado como aguas, y todos mis huesos se descoyuntaron; mi corazón fue como cera, derritiéndose en medio de mis entrañas.

15 Como un tiesto se secó mi vigor, y mi lengua se pegó a mi paladar, y me has puesto en el polvo de la muerte.

16 Porque perros me han rodeado; me ha cercado cuadrilla de malignos; horadaron mis manos y mis pies.

17 Contar puedo todos mis huesos; entre tanto,

ellos me miran y me observan.

18 Repartieron entre sí mis vestidos, y sobre mi ropa echaron suertes.

19 Mas tú, Jehová, no te alejes; fortaleza mía, apresúrate a socorrerme.

20 Libra de la espada mi alma; del poder del perro, mi vida.

21 Sálvame de la boca del león, y líbrame de los cuernos de los búfalos.

22 Anunciaré tu nombre a mis hermanos; en medio de la congregación te alabaré.

23 Los que teméis a Jehová, alabadle; glorificadle, descendencia toda de Jacob, y temedle vosotros, descendencia toda de Israel.

24 Porque no menospreció ni abominó la aflicción del afligido, ni de el que escondió su rostro; sino que cuando clamó a él, le oyó.

25 De ti será mi alabanza en la gran congregación; mis votos pagaré delante de los que le temen.

26 Comerán los humildes y serán saciados; alabarán a Jehová los que le buscan; vivirá vuestro corazón para siempre.

27 Se acordarán y se volverán a Jehová todos los confines de la tierra, y todas las familias de las naciones adorarán delante de ti.

28 Porque de Jehová es el reino, y él regirá las naciones.

29 Comerán y adorarán todos los poderosos de la tierra; se postrarán delante de él todos los que descienden al polvo, aun el que no puede conservar la vida a su propia alma.

30 La posteridad le servirá; esto será contado de Jehová hasta la postrera generación.

31 Vendrán y anunciarán su justicia; a pueblo no nacido aún, anunciarán que él hizo esto.

Salmo 23

Salmo de David

Jehová es mi pastor; nada me faltará.

2 En lugares de delicados pastos me hará descansar; junto a aguas de reposo me pastoreará.

3 Confortará mi alma; me guiará por sendas de justicia por amor de su nombre.

4 Aunque ande en valle de sombra de muerte, no temeré mal alguno, porque tú estarás conmigo; tu vara y tu cayado me infundirán aliento.

5 Aderezas mesa delante de mí en presencia de mis angustiadores; unges mi cabeza con aceite; mi copa está rebosando.

6 Ciertamente el bien y la misericordia me seguirán todos los días de mi vida, y en la casa de Jehová moraré por largos días.

Salmo 24

Salmo de David.

De Jehová es la tierra y su plenitud; el mundo y los que en él habitan.

2 Porque él la fundó sobre los mares y la afirmó sobre los ríos.

3 ¿Quién subirá al monte de Jehová? ¿Y quién estará en su lugar santo?

4 El limpio de manos y puro de corazón; el que no ha elevado su alma a cosas vanas, ni jurado con engaño.

5 El recibirá bendición de Jehová, y justicia del Dios de salvación.

6 Tal es la generación de los que le buscan, de los que buscan tu rostro, oh Dios de Jacob. Selah.

7 Alzad, oh puertas, vuestras cabezas y alzaos vosotras, puertas eternas, y entrará el Rey de gloria.

8 ¿Quién es este Rey de gloria? Jehová el fuerte y valiente, Jehová el poderoso en batalla.

9 Alzad, oh puertas, vuestras cabezas y alzaos vosotras, puertas eternas, y entrará el Rey de gloria.

10 ¿Quién es este Rey de gloria? Jehová de los ejércitos, él es el Rey de la gloria. Selah.

Salmo 25

Salmo de David.

A ti, oh Jehová, levantaré mi alma.

2 Dios mío, en ti confío; no sea yo avergonzado, no se alegren de mí mis enemigos.

3 Ciertamente ninguno de cuantos esperan en ti será confundido; serán avergonzados los que se rebelan sin causa.

4 Muéstrame, oh Jehová tus caminos; enséñame tus sendas.

5 Encamíname en tu verdad y enséñame, porque tú eres el Dios de mi salvación; en ti he esperado todo el día.

6 Acuérdate, oh Jehová, de tus piedades y de tus misericordias, que son perpetuas.

7 De los pecados de mi juventud y de mis rebeliones, no te acuerdes; conforme a tu misericordia acuérdate de mí, por tu bondad, oh Jehová.

8 Bueno y recto es Jehová; por tanto, él enseñará a los pecadores el camino.

9 Encaminará a los humildes por el juicio, y enseñará a los mansos su carrera.

10 Todas las sendas de Jehová son misericordia y verdad, para los que guardan su pacto y sus testimonios.

11 Por amor de tu nombre, oh Jehová, perdonarás también mi pecado, que es grande.

12 ¿Quién es el hombre que teme a Jehová? El le enseñará el camino que ha de escoger.

13 Gozará él de bienestar, y su descendencia heredará la tierra.

14 La comunión íntima de Jehová es con los que le temen, y a ellos hará conocer su pacto.

15 Mis ojos están siempre hacia Jehová, porque él sacará mis pies de la red.

16 Mírame y ten misericordia de mí, porque estoy solo y afligido.

17 Las angustias de mi corazón se han aumentado; sácame de mis congojas.

18 Mira mi aflicción y mi trabajo, y perdona todos mis pecados.

19 Mira mis enemigos cómo se han multiplicado, y con odio violento me aborrecen.

20 Guarda mi alma y líbrame; no sea yo avergonzado, porque en ti confié.

21 Integridad y rectitud me guarden, porque en ti he esperado.

22 Redime, oh Dios, a Israel de todas sus angustias.

Salmo 26

Salmo de David

Júzgame, oh Jehová, porque yo en mi integridad he andado; he confiado asimismo en Jehová sin titubear.

2 Escudríñame, oh Jehová, y pruébame; examina mis íntimos pensamientos y mi corazón.

3 Porque tu misericordia está delante de mis ojos, y ando en tu verdad.

4 No me he sentado con hombres hipócritas, ni entré con los que andan simuladamente.

5 Aborrecí la reunión de los malignos, y con los impíos nunca me senté.

6 Lavaré en inocencia mis manos, y así andaré alrededor de tu altar, oh Jehová,

7 para exclamar con voz de acción de gracias, y para contar todas tus maravillas.

8 Jehová, la habitación de tu casa he amado, y el lugar de la morada de tu gloria.

9 No arrebates con los pecadores mi alma, ni mi vida con hombres sanguinarios,

10 en cuyas manos está el mal, y su diestra está llena de sobornos.

11 Mas yo andaré en mi integridad; redímeme, y ten misericordia de mí.

12 Mi pie ha estado en rectitud; en las congregaciones bendeciré a Jehová.

Salmo 27

Salmo de David.

Jehová es mi luz y mi salvación; ¿de quién temeré? Jehová es la fortaleza de mi vida; ¿de quién he de atemorizarme?

2 Cuando se juntaron contra mí los malignos, mis angustiadores y mis enemigos, para comer mis carnes, ellos tropezaron y cayeron.

3 Aunque un ejército acampe contra mí, no temerá mi corazón; aunque contra mí se levante guerra, yo estaré confiado.

4 Una cosa he demandado a Jehová, ésta buscaré; que esté yo en la casa de Jehová todos los días de mi vida, para contemplar la hermosura de Jehová, y para inquirir en su templo.

5 Porque él me esconderá en su tabernáculo en el día del mal; me ocultará en lo reservado de su morada; sobre una roca me pondrá en alto.

6 Luego levantará mi cabeza sobre mis enemigos

que me rodean, y yo sacrificaré en su tabernáculo sacrificios de júbilo; cantaré y entonaré alabanzas a Jehová.

7 Oye, oh Jehová, mi voz con que a ti clamo; ten misericordia de mí y respóndeme.

8 Mi corazón ha dicho de ti: buscad mi rostro. Tu rostro buscaré, oh Jehová;

9 no escondas tu rostro de mí. No apartes con ira a tu siervo; mi ayuda has sido. No me dejes ni me desampares, Dios de mi salvación.

10 Aunque mi padre y mi madre me dejaran, con todo, Jehová me recogerá.

11 Enséñame, oh Jehová, tu camino, y guíame por sendas de rectitud a causa de mis enemigos.

12 No me entregues a la voluntad de mis enemigos; porque se han levantado contra mí testigos falsos, y los que respiran crueldad.

13 Hubiera yo desmayado, si no creyese que veré la bondad de Jehová en la tierra de los vivientes.

14 Aguarda a Jehová; esfuérzate, y aliéntese tu corazón; sí, espera a Jehová.

Salmo 28

Salmo de David.

A ti clamaré, oh Jehová. Roca mía, no te desentiendas de mí, para que no sea yo, dejándome tú, semejante a los que descienden al sepulcro.

2 Oye la voz de mis ruegos cuando clamo a ti, cuando alzo mis manos hacia tu santo templo.

3 No me arrebates juntamente con los malos y con los que hacen iniquidad, los cuales hablan paz con sus prójimos, pero la maldad está en su corazón.

4 Dales conforme a su obra y conforme a la perversidad de sus hechos; dales su merecido conforme a la obra de sus manos.

5 Por cuanto me atendieron a los hechos de Jehová, ni a la obra de sus manos, él los derribará y no los edificará.

6 Bendito sea Jehová, que oyó la voz de mis ruegos.

7 Jehová es mi fortaleza y mi escudo; en él confió mi corazón, y fui ayudado, por lo que se gozó mi corazón, y con mi cántico le alabaré.

8 Jehová es la fortaleza de su pueblo y el refugio salvador de su ungido.

9 Salva a tu pueblo y bendice a tu heredad; y pastoréales y susténtales para siempre.

Salmo 29

Salmo de David.

Tributad a Jehová, oh hijos de los poderosos, dad a Jehová la gloria y el poder.

2 Dad a Jehová la gloria debida a su nombre; adorad a Jehová en la hermosura de la santidad.

3 Voz de Jehová sobre las aguas; truena el Dios de gloria, Jehová sobre las muchas aguas.

4 Voz de Jehová con potencia; voz de Jehová con gloria.

5 Voz de Jehová me quebranta los cedros; quebrantó Jehová los cedros del Líbano.

6 Los hizo saltar como becerro; al Líbano y al Sirión como hijos de búfalos.

7 Voz de Jehová que derrama llamas de fuego;

8 voz de Jehová que hace temblar el desierto; hace temblar Jehová el desierto de Cades.

9 Voz de Jehová que desgaja las encinas, y desnuda los bosques; en su templo todo proclama su gloria.

10 Jehová preside en el diluvio, y se sienta Jehová como rey para siempre.

11 Jehová dará poder a su pueblo; Jehová bendecirá a su pueblo con paz.

Salmo 30

Salmo cantado en la dedicación de la Casa. Salmo de David.

Te glorificaré, oh Jehová, porque me has exaltado, y no permitiste que mis enemigos se alegraran de mí.

2 Jehová Dios mío, a ti clamé y me sanaste.

3 Oh Jehová, hiciste subir mi alma del Seol; me diste vida, para que no descendiese a la sepultura.

4 Cantad a Jehová, vosotros sus santos, y celebrad la memoria de su santidad.

5 Porque un momento será su ira, pero su favor dura toda la vida. Por la noche durará el lloro, y a la mañana vendrá la alegría.

6 En mi prosperidad dije yo: no seré jamás conmovido.

7 Porque tú, Jehová, con tu favor me afirmaste como monte fuerte. Escondiste tu rostro, fui turbado.

8 A ti, oh Jehová, clamaré, y al Señor suplicaré.

9 ¿Qué provecho hay en mi muerte cuando descienda a la sepultura? ¿Te alabará el polvo? ¿Anunciará tu verdad?

11 Oye, oh Jehová, y ten misericordia de mí; Jehová, sé tú mi ayudador.

12 Has cambiado mi lamento en baile; desataste mi silicio, y me ceñiste de alegría.

13 Por tanto, a ti cantaré, gloria mía, y no estaré callado. Jehová Dios mío, te alabaré para siempre.

Salmo 31

Al músico principal. Salmo de David.

En ti, oh Jehová, he confiado; no sea yo confundido jamás; líbrame en tu justicia.

2 Inclina a mí tu oído, líbrame pronto; sé tú mi roca fuerte, y fortaleza para salvarme.

3 Porque tú eres mi roca y mi castillo; por tu nombre me guiarás y me encaminarás.

4 Sácame de la red que han escondido para mí, pues tú eres mi refugio.

5 En tu mano encomiendo mi espíritu; tú me has redimido, oh Jehová, dios de verdad.

6 Aborrezco a los que esperan en vanidades ilusorias; mas yo en Jehová he esperado.

7 Me gozaré y alegraré en tu misericordia, porque has visto mi aflicción; has conocido mi alma en las angustias.

8 No me entregaste en mano del enemigo; pusiste mis pies en lugar espacioso.

9 Ten misericordia de mí, oh Jehová, porque estoy en angustia; se han consumido de tristeza mis ojos, mi alma también y mi cuerpo.

10 Porque mi vida se va gastando de dolor y mis años de suspirar; se agotan mis fuerzas a causa de mi iniquidad, y mis huesos se han consumido.

11 De todos mis enemigos soy objeto de oprobio, y de mis vecinos mucho más, y el horror de mis conocidos; los que me ven fuera huyen de mí.

12 He sido olvidado de su corazón como un muerto; he venido a ser como un vaso quebrado.

13 Porque oigo la calumnia de muchos; el miedo me asalta por todas partes, mientras consultan juntos contra mí e idean quitarme la vida.

14 Mas yo en ti confío, oh Jehová; digo: Tú eres mi dios.

15 En tu mano están mis tiempos; líbrame de la mano de mis enemigos y de mis perseguidores.

16 Haz resplandecer tu rostro sobre tu siervo; sálvame por tu misericordia.

17 No sea yo avergonzado, oh Jehová, ya que te he invocado; sean avergonzados los impíos, estén mudos en el Seol.

18 Enmudezcan los labios mentirosos, que hablan contra el justo cosas duras con soberbia y menosprecio.

19 ¡Cuán grande es tu bondad, que has guardado para los que te temen, que has mostrado a los que esperan en ti, delante de los hijos de los hombres!

20 En lo secreto de tu presencia los esconderás de la conspiración del hombre; los pondrás en un tabernáculo a cubierto de contención de lenguas.

21 Bendito sea Jehová, porque ha hecho maravillosa su misericordia para conmigo, en ciudad fortificada.

22 Decía yo en mi premura: cortado soy de delante de tus ojos; pero tú oíste la voz de mis ruegos cuando a ti clamaba.

23 Amad a Jehová todos vosotros, sus santos; a los fieles guarda Jehová, y paga abundantemente al que procede con soberbia.

24 Esforzaos todos vosotros los que esperáis en Jehová, y tome aliento vuestro corazón.

Salmo 32

Salmo de David. Masquil.

Bienaventurado aquél cuya transgresión ha sido perdonada, y cubierto su pecado.

2 Bienaventurado el hombre a quien Jehová no culpa de iniquidad, y en cuyo espíritu no hay engaño.

3 Mientras callé, se envejecieron mis huesos en mi gemir todo el día.

4 Porque de día y de noche se agravó sobre mí tu mano; se volvió mi verdor en sequedades de verano. Selah.

5 Mi pecado te declaré, y no encubrí mi iniquidad. Dije: confesaré mis transgresiones a Jehová; y tú perdonaste la maldad de mi pecado. Selah.

6 Por esto, orará a ti todo santo en el tiempo en que puedas ser hallado; ciertamente en la inundación de muchas aguas no llegarán éstas a él.

7 Tú eres mi refugio; me guardarás de la angustia; con cánticos de liberación me rodearás. Selah.

8 Te haré entender, y te enseñaré el camino en que debes andar; sobre ti fijaré mis ojos.

9 No seáis como el caballo, o como el mulo, sin entendimiento, que han de ser sujetados con cabestro y con freno, porque si no, no se acercan a ti.

10 Muchos dolores habrá para el impío; mas al que espera en Jehová, le rodea la misericordia.

11 Alegraos en Jehová y gozaos, justos; y cantad con júbilo todos vosotros los rectos de corazón.

Salmo 33

Alegraos, oh justos, en Jehová; en los íntegros es hermosa la alabanza.

2 Aclamad a Jehová con arpa; cantadle con salterio y decacordio.

3 Cantadle cántico nuevo; hacedlo bien, tañendo con júbilo.

4 Porque recta es la palabra de Jehová, y toda su obra es hecha con fidelidad.

5 El ama justicia y juicio; de la misericordia de Jehová está llena la tierra.

6 Por la palabra de Jehová fueron hechos los cielos, y todo el ejército de ellos por el aliento de su boca.

7 El junta como montón las aguas del mar; él pone en depósitos los abismos.

8 Tema a Jehová toda

la tierra; teman delante de él todos los habitantes del mundo.

9 Porque él dijo, y fue hecho; él mandó y existió.

10 Jehová hace nulo el consejo de las naciones, y frustra las maquinaciones de los pueblos.

11 El consejo de Jehová permanecerá para siempre; los pensamientos de su corazón por todas las generaciones.

12 Bienaventurada la nación cuyo Dios es Jehová, el pueblo que él escogió como heredad para sí.

13 Desde los cielos miró Jehová; vio a todos los hijos de los hombres;

14 desde el lugar de su morada miró sobre todos los moradores de la tierra.

15 El formó el corazón de todos ellos; atento está a todas sus obras.

16 El rey no se salva por la multitud del ejército, ni escapa el valiente por la mucha fuerza.

17 Vano para salvarse es el caballo; la grandeza de su fuerza a nadie podrá librar.

18 He aquí el ojo de Jehová sobre los que le temen, sobre los que esperan en su misericordia,

19 para librar sus almas de la muerte, y para darles vida en tiempo de hambre.

20 Nuestra alma espera a Jehová; nuestra ayuda y nuestro escudo es él.

21 Por tanto, en él se alegrará nuestro corazón, porque en su santo nombre hemos confiado.

22 Sea tu misericordia, oh Jehová, sobre nosotros, según esperamos en ti.

Salmo 34

Salmo de David, cuando mudó su semblante delante de Abimelec, y él lo echó, y se fue.

Bendeciré a Jehová en todo tiempo; su alabanza estará de continuo en mi boca.

2 En Jehová se gloriará mi alma; lo oirán los mansos, y se alegrarán.

3 Engrandeced a Jehová conmigo, y exaltemos a una su nombre.

4 Busqué a Jehová y él me oyó, y me libró de todos mis temores.

5 Los que miraron a él fueron alumbrados, y sus rostros no fueron avergonzados.

6 Este pobre clamó, y le oyó Jehová, y lo libró de todas sus angustias.

7 El ángel de Jehová acampa alrededor de los que le temen, y los defiende.

8 Gustad, y ved que es bueno Jehová; dichoso el hombre que confía en él.

9 Temed a Jehová, vosotros sus santos, pues nada falta a los que le temen.

10 Los leoncillos necesitan y tienen hambre; pero los que buscan a Jehová no tendrán falta de ningún bien.

11 Venid, hijos, oídme; el temor de Jehová os enseñaré.

12 ¿Quién es el hombre que desea vida, que desea muchos días para ver el bien?

13 Guarda tu lengua del mal, y tus labios de hablar engaño.

14 Apártate del mal y haz el bien; busca la paz, y síguela.

15 Los ojos de Jehová están sobre los justos, y atentos sus oídos al clamor de ellos.

16 La ira de Jehová contra los que hacen mal, para cortar de la tierra la memoria de ellos.

17 Claman los justos y Jehová oye, y los libra de todas sus angustias.

18 Cercano está Jehová a los quebrantados de corazón; y salva a los contritos de espíritu.

19 Muchas son las aflicciones del justo, pero de todas ellas le librará Jehová.

20 El guarda todos sus huesos; ni uno de ellos será quebrantado.

21 Matará al malo la maldad, y los que aborrecen al justo serán condenados.

22 Jehová redime el alma de sus siervos, y no serán condenados cuantos en él confían.

Salmo 35

Salmo de David.

Disputa, oh Jehová, con los que contra mí contienden; pelea contra los que me combaten.

2 Echa mano al escudo y al pavés, y levántate en mi ayuda.

3 Saca la lanza, cierra contra mis perseguidores; di a mi alma: Yo soy tu salvación.

4 Sean avergonzados y confundidos los que buscan mi vida; sean vueltos atrás y avergonzados los que mi mal intentan.

5 Sean como el tamo delante del viento, y el ángel de Jehová los acose.

6 Sea su camino tenebroso y resbaladizo, y el ángel de Jehová los persiga.

7 Porque sin causa escondieron para mí su red en un hoyo; sin causa cavaron hoyo para mi alma.

8 Véngale el quebrantamiento sin que lo sepa, y la red que él escondió lo prenda; con quebrantamiento caiga en ella.

9 Entonces mi alma se alegrará en Jehová; se regocijará en su salvación.

10 Todos mis huesos dirán: Jehová, ¿quién como tú, que libras al afligido del más fuerte que él, y al pobre y menesteroso del que le despoja?

11 Se levantan testigos malvados; de lo que no sé, me preguntan;

12 me devuelven mal por bien, para afligir a mi alma.

13 Pero yo, cuando ellos enfermaron, me vestí de cilicio; afligí con ayuno mi alma, y mi oración se volvía a mi seno.

14 Como por mi compañero, como por mi hermano andaba; como el que trae luto por madre, enlutado me humillaba.

15 Pero ellos se alegraron en mi adversidad y se juntaron; se juntaron contra mí gentes despreciables, y yo no lo entendía; me despedazaban sin descanso;

16 como lisonjeros, escarnecedores y truhanes, crujieron contra mí sus dientes.

17 Señor, ¿hasta cuándo verás esto? Rescata mi alma de sus destrucciones, mi vida de los leones.

18 Te confesaré en grande congregación; te alabaré entre numeroso pueblo.

19 No se alegren de mí los que sin causa son mis enemigos, ni los que me aborrecen sin causa guiñen el ojo.

20 Porque no hablan paz; y contra los mansos de la tierra piensan palabras engañosas.

21 Ensancharon contra mí su boca; dijeron: ¡Ea, ea, nuestros ojos lo han visto!

22 Tú lo has visto, oh Jehová; no calles; Señor, no te alejes de mí.

23 Muévete y despierta para hacerme justicia. Dios mío y Señor mío, para defender mi causa.

24 Júzgame conforme a tu justicia, Jehová Dios mío, y no se alegren de mí.

25 No digan en su corazón: ¡Ea, alma nuestra! No digan: ¡Le hemos devorado!

26 Sean avergonzados y confundidos a una los que de mi mal se alegran; vístanse de vergüenza y de confusión los que se engrandecen contra mí.

27 Canten y alégrense los que están a favor de mi justa causa, y digan siempre: Sea exaltado Jehová, que ama la paz de su ciervo.

28 Y mi lengua hablará de tu justicia y de tu alabanza todo el día.

Salmo 36

Al músico principal. Salmo de David, siervo de Jehová.

La iniquidad del impío me dice al corazón: No hay temor de Dios delante de sus ojos.

2 Se lisonjea, por tanto, en sus propios ojos, de que su iniquidad no será hallada y aborrecida.

3 Las palabras de su boca son iniquidad y fraude; ha dejado de ser cuerdo y de hacer el bien.

4 Medita maldad sobre su cama; está en camino no bueno, el mal no aborrece.

5 Jehová, hasta los cielos llega tu misericordia, y tu fidelidad alcanza hasta las nubes.

6 Tu justicia es como los montes de Dios, tus juicios, abismo grande. Oh Jehová, al hombre y al animal conservas.

7 ¡Cuán preciosa, oh Dios, es tu misericordia! Por eso, los hijos de los hombres se amparan bajo la sombra de tus alas.

8 Serán completamente saciados de la grosura de tu casa, y tú los abrevarás del torrente de tus delicias.

9 Porque contigo está el manantial de la vida; en tu luz veremos la luz.

10 Extiende tu misericordia a los que te conocen, y tu justicia a los rectos de corazón.

11 No venga pie de

soberbia contra mí, y mano de impíos no me mueva.

12 Allí cayeron los hacedores de iniquidad; fueron derribados, y no podrán levantarse.

Salmo 37

Salmo de David.

No te impacientes a causa de los malignos, ni tengas envidia de los que hacen iniquidad.

2 Porque como hierba serán pronto cortados, y como la hierba verde se secarán.

3 Confía en Jehová y haz el bien; y habitarás en la tierra y te apacentarás de la verdad.

4 Deléitate asimismo en Jehová, y él te concederá las peticiones de tu corazón.

5 Encomienda a Jehová tu camino, y confía en él; y él hará.

6 Exhibirá tu justicia como la luz, y tu derecho como el mediodía.

7 Guarda silencio ante Jehová, y espera en él. No te alteres con motivo del que prospera en su camino, por el hombre que hace maldades.

8 Deja la ira, y desecha el enojo; no te excites en manera alguna a hacer lo malo.

9 Porque los malignos serán destruidos, pero los que esperan en Jehová, ellos heredarán la tierra.

10 Pues de aquí a poco no existirá el malo; observarás su lugar y no estará allí.

11 Pero los mansos heredarán la tierra, y se recrearán con abundancia de paz.

12 Maquina el impío contra el justo, y cruje contra él sus dientes;

13 el Señor se reirá de él; porque ve que viene su día.

14 Los impíos desenvainan espada y entesan su arco, para derribar al pobre y al menesteroso, para matar a los de recto proceder.

15 Su espada entrará en su mismo corazón, y su arco será quebrado.

16 Mejor es lo poco del justo que las riquezas de muchos pecadores.

17 Porque los brazos de los impíos serán quebrados; mas el que sostiene a los justos es Jehová.

18 Conoce Jehová los días de los perfectos, y la heredad de ellos será para siempre.

19 No serán avergonzados en el mal tiempo, y en los días de hambre serán saciados.

20 Mas los impíos perecerán, y los enemigos de Jehová como la grasa de los carneros serán consumidos; se disiparán como el humo.

21 El impío toma prestado y no paga; mas el justo tiene misericordia, y da.

22 Porque los benditos de él heredarán la tierra; y los malditos de él serán destruidos.

23 Por Jehová son ordenados los pasos del hombre, y él aprueba su camino.

24 Cuando el hombre cayeres no quedará postrado, porque Jehová sostiene su mano.

25 Joven fui y he envejecido, y no he visto justo desamparado, ni su descendencia que mendigue pan.

26 En todo tiempo tiene misericordia y presta; y su descendencia es para bendición.

27 Apártate del mal y haz el bien, y vivirás para siempre.

28 Porque Jehová ama la rectitud, y no desampara a sus santos. Para siempre serán guardados; mas la descendencia de los impíos será destruida.

29 Los justos heredarán la tierra, y vivirán para siempre sobre ella.

30 La boca del justo habla sabiduría, y su lengua habla justicia.

31 La ley de su Dios está en su corazón; por tanto, sus pies no resbalarán.

32 Acecha el impío al justo, y procura matarlo.

33 Jehová no lo dejará en sus manos, ni lo condenará cuando le juzgaren.

34 Espera en Jehová y guarda su camino, y él te exaltará para heredar la tierra; cuando sean destruidos los pecadores, lo verás.

35 Vi yo al impío sumamente enaltecido, y que se extendía como laurel verde.

36 Pero él pasó, y he aquí ya no estaba; lo busqué y no fue hallado.

37 Considera al íntegro, y mira al justo; porque hay un final dichoso para el hombre de paz.

38 Mas los transgresores serán todos a una destruidos; la posteridad de los impíos será extinguida.

39 Pero la salvación de los justos es de Jehová, y él es su fortaleza en el tiempo de la angustia.

40 Jehová los ayudará y los librará; los libertará de los impíos y los salvará, por cuanto en él esperaron.

Salmo 38

Salmo de David, para recordar.

Jehová, no me reprendas en tu furor, ni me castigues en tu ira.

2 Porque tus saetas cayeron sobre mí, y sobre mí ha descendido tu mano.

3 Nada hay sano en mi carne, a causa de tu ira; ni hay paz en mis huesos, a causa de mi pecado.

4 Porque mis iniquidades se han agravado sobre mí.

5 Hieden y supuran mis llagas, a causa de mi locura.

6 Estoy encorvado, estoy humillado en gran manera, ando enlutado todo el día.

7 Porque mis lomos están llenos de ardor, y nada hay sano en mi carne.

8 Estoy debilitado y molido en gran manera; gimo a causa de la conmoción de mi corazón.

9 Señor, delante de ti están todos mis deseos, y mi suspiro no te es oculto.

10 Mi corazón está acongojado, me ha dejado mi vigor, y aun la luz de mis ojos me falta ya.

11 Mis amigos y mis compañeros se mantienen lejos de mi plaga, y mis cercanos se han alejado.

12 Los que buscan mi vida arman lazos, y los que procuran mi mal hablan iniquidades y meditan fraudes todo el día.

13 Mas yo, como si fuera sordo, no oigo; y soy como mudo que no abre la boca.

14 Soy, pues, como un hombre que no oye y en cuya boca no hay reprensiones.

15 Porque en ti, oh Jehová, he esperado; tú responderás, Jehová Dios mío.

16 Dije: No se alegren de mí; cuando mi pie resbale, no se engrandezcan sobre mí.

17 Pero yo estoy a punto de caer, y mi dolor está delante de mí continuamente.

18 Por tanto, confesaré mi maldad, y me contristaré por mi pecado.

19 Porque mis enemigos están vivos y fuertes, y se han aumentado los que me aborrecen sin causa.

20 Los que pagan mal por bien me son contrarios, por seguir yo lo bueno.

21 No me desampares, oh Jehová; Dios mío, no te alejes de mí.

22 Apresúrate a ayudarme, oh Señor, mi salvación.

Salmo 39

Al músico principal; a Jedutún. Salmo de David.

Yo dije: Atenderé a mis caminos, para no pecar con mi lengua: guardaré mi boca con freno, en tanto que el impío esté delante de mí.

2 Enmudecí con silencio, me callé aun respecto de lo bueno; y se agravó mi dolor.

3 Se enardeció mi corazón dentro de mí; en mi meditación se encendió fuego, y así proferí con mi lengua:

4 Hazme saber, Jehová, mi fin, y cuánta sea la medida de mis días; sepa yo cuán frágil soy.

5 He aquí, diste a mis días término corto, y mi edad es, como nada delante de ti; ciertamente es completa vanidad todo hombre que vive. Selah.

6 Ciertamente como una sombra es el hombre; ciertamente en vano se afana; amontona riquezas, y no sabe quién las recogerá.

7 Y ahora, Señor, ¿qué esperaré? Mi esperanza está en ti.

8 Líbrame de todas mis transgresiones; no me pongas por escarnio del insensato.

9 Enmudecí, no abrí mi boca, porque tú lo hiciste.

10 Quita de sobre mí tu plaga; estoy consumido bajo los golpes de tu mano.

11 Con castigos por el pecado corriges al hombre, y deshaces como polilla lo más estimado de él; ciertamente vanidad es todo hombre. Selah.

12 Oye mi oración, oh Jehová, y escucha mi clamor. No calles ante mis lágrimas; porque forastero soy para ti, y advenedizo, como todos mis padres.

13 Déjame, y tomaré fuerzas, antes que vaya y perezca.

Salmo 40

Al músico principal. Salmo de David.

Pacientemente esperé a Jehová, y se inclinó a mí, y oyó mi clamor.

2 Y me hizo sacar del pozo de la desesperación, del lodo cenagoso; puso mis pies sobre peña, y enderezó mis pasos.

3 Puso luego en mi boca cántico nuevo, alabanza a nuestro Dios. Verán esto muchos, y temerán, y confiarán en Jehová.

4 Bienaventurado el hombre que puso en Jehová su confianza, y no mira a los soberbios, ni a los que se desvían tras la mentira.

5 Has aumentado, oh Jehová, Dios mío, tus maravillas; y tus pensamientos para con nosotros, no es posible contarlos ante ti. Si yo anunciare y hablare de ellos, no pueden ser enumerados.

6 Sacrificio y ofrenda no te agrada; has abierto mis oídos; holocausto y expiación no has demandado.

7 Entonces dije: he aquí, vengo; en el rollo del libro está escrito de mí:

8 el hacer tu voluntad, Dios mío, me ha agradado, y tu ley está en medio de mi corazón.

9 He anunciado justicia en grande congregación; he aquí, no refrené mis labios, Jehová, tú lo sabes.

10 No encubrí tu justicia dentro de mi corazón; he publicado tu fidelidad y tu salvación; no oculté tu misericordia y tu verdad en grande asamblea.

11 Jehová, no retengas de mí tus misericordias; tu misericordia y tu verdad me guarden siempre.

12 Porque me han rodeado males sin número; me han alcanzado mis maldades, y no puedo levantar la vista. Se han aumentado más que los cabellos de mi cabeza, y mi corazón me falla.

13 Quieras, oh Jehová, librarme; Jehová, apresúrate a socorrerme.

14 Sean avergonzados y confundidos a una los que buscan mi vida para destruirla. Vuelvan atrás y avergüéncense los que mi mal desean;

15 sean asolados en pago de su afrenta los que me dicen: ¡ea, ea!

16 Gócense y alégrense en ti todos los que te buscan, y digan siempre los que aman tu salvación: Jehová sea enaltecido.

17 Aunque afligido yo y necesitado, Jehová pensará en mí. Mi ayuda y mi libertador eres tú; Dios mío, no te tardes.

Salmo 41

Al músico principal. Salmo de David.

Bienaventurado el que piensa en el pobre; en el día malo lo librará Jehová.

2 Jehová lo guardará, y le dará vida; será bienaventurado en la tierra, y no lo entregarás a la voluntad de sus enemigos.

3 Jehová lo sustentará sobre el lecho del dolor; mullirás toda su cama en su enfermedad.

4 Yo dije: Jehová, ten misericordia de mí; sana mi alma, porque contra ti he pecado.

5 Mis enemigos dicen mal de mí, preguntando: ¿cuándo morirá, y perecerá su nombre?

6 Y si vienen a verme, hablan mentira; su corazón recoge para sí iniquidad, y al salir fuera la divulgan.

7 Reunidos murmuran contra mí todos los que me aborrecen; contra mí piensan mal, diciendo de mí:

8 cosa pestilencial se ha apoderado de él; y el que cayó en cama no volverá a levantarse.

9 Aun el hombre de mi paz, en quien yo confiaba, el que de mi pan comía, alzó contra mí el calcañar.

10 Mas tú, Jehová, ten misericordia de mí, y hazme levantar, y les daré el pago.

11 En esto conoceré que te he agradado, que mi enemigo no se huelgue de mí.

12 En cuanto a mí, en mi integridad me has sustentado, y me has hecho estar delante de ti para siempre.

13 Bendito sea Jehová, el Dios de Israel, por los siglos de los siglos. Amén y Amén.

Libro II

Salmo 42

Al músico principal. Masquil de los hijos de Coré.

Como el ciervo brama por las corrientes de las aguas, así clama por ti, oh Dios, el alma mía.

2 Mi alma tiene sed de Dios, del Dios vivo; ¿cuándo vendré, y me presentaré delante de Dios?

3 Fueron mis lágrimas mi pan de día y de noche, mientras me dicen todos los días: ¿dónde está tu Dios?

4 Me acuerdo de estas cosas, y derramo mi alma dentro de mí; de cómo yo fui con la multitud, y la conduje hasta la casa de Dios, entre voces de alegría y de alabanza del pueblo en fiesta.

5 ¿Por qué te abates, oh, alma mía, y te turbas dentro de mí? Espera en Dios; porque aún he de alabarle, salvación mía y Dios mío.

6 Dios mío, mi alma está abatida en mí; me acordaré, por tanto, de ti desde la tierra del Jordán, y de los hermonitas, desde el Monte de Mizar.

7 Un abismo llama a otro a la voz de tus cascadas; todas tus ondas y tus olas han pasado sobre mí.

8 Pero de día mandará Jehová su misericordia, y de noche su cántico estará conmigo, y mi oración al Dios de mi vida.

9 Diré a Dios: Roca mía, ¿por qué te has olvidado de mí? ¿Por qué andaré yo enlutado por la opresión del enemigo?

10 Como quien hiere mis huesos, mis enemigos me afrentan, diciéndome cada día: ¿Dónde está tu Dios?

11 ¿Por qué te abates, oh, alma mía, y por qué te turbas dentro de mí? Espera en Dios; porque aún he de alabarle, salvación mía y Dios mío.

Salmo 43

Júzgame, oh Dios, y defiende mi causa; líbrame de gente impía, y del hombre engañoso e inicuo.

2 Pues que tú eres el Dios de mi fortaleza, ¿por

qué me has desechado? ¿Por qué andaré enlutado por la opresión del enemigo?

3 Envía tu luz y tu verdad; éstas me guiarán; me conducirán a tu santo monte, y a tus moradas.

4 Entraré al altar de Dios, al Dios de mi alegría y de mi gozo; y te alabaré con arpa, oh Dios, Dios mío.

5 ¿Por qué te abates, oh, alma mía, y por qué te turbas dentro de mí? Espera en Dios; porque aún he de alabarle, salvación mía y Dios mío.

Salmo 44

Al músico principal. Masquil de los hijos de Coré.

Oh, Dios, con nuestros oídos hemos oído, nuestros padres nos han contado, la obra que hiciste en sus días, en los tiempos antiguos.

2 Tú con tu mano echaste las naciones, y los plantaste a ellos; afligiste a los pueblos, y los arrojaste.

3 Porque no se apoderaron de la Tierra por su espada, ni su brazo los libró; sino tu diestra, y tu brazo, y la luz de tu rostro, porque te complaciste en ellos.

4 Tú, oh Dios, eres mi rey; manda salvación a Jacob.

5 Por medio de ti sacudiremos a nuestros enemigos; en tu nombre hollaremos a nuestros adversarios.

6 Porque no confiaré en mi arco, ni mi espada me salvará;

7 pues tú nos has guardado de nuestros enemigos, y has avergonzado a los que nos aborrecían.

8 En Dios nos gloriaremos todo el tiempo, y para siempre alabaremos tu nombre. Selah.

9 Pero nos has desechado, y nos has hecho avergonzar; y no sales con nuestros ejércitos.

10 Nos hiciste retroceder delante del enemigo, y nos saquean para sí los que nos aborrecen.

11 Nos entregas como ovejas al matadero, y nos has esparcido entre las naciones.

12 Has vendido a tu pueblo de balde; no exigiste ningún precio.

13 Nos pones por

afrenta de nuestros vecinos, por escarnio y por burla de los que nos rodean.

14 Nos pusiste por proverbio entre las naciones; todos al vernos menean la cabeza.

15 Cada día mi vergüenza está delante de mí, y la confusión de mi rostro me cubre,

16 por la voz del que me vitupera y deshonra, por razón del enemigo y del vengativo.

17 Todo esto nos ha venido, y no nos hemos olvidado de ti, y no hemos faltado a tu pacto.

18 No se ha vuelto atrás nuestro corazón, ni se han apartado de tus caminos nuestros pasos,

19 para que nos quebrantases en el lugar de chacales, y nos cubrieses con sombra de muerte.

20 Si nos hubiésemos olvidado del nombre de nuestro Dios, o alzado nuestras manos a dios ajeno,

21 ¿no demandaría Dios esto? Porque él conoce los secretos del corazón.

22 Pero por causa de ti nos matan cada día; somos contados como ovejas para el matadero.

23 Despierta; ¿por qué duermes, Señor? Despierta, no te alejes para siempre.

24 ¿Por qué escondes tu rostro, y te olvidas de nuestra aflicción, y de la opresión nuestra?

25 Porque nuestra alma está agobiada hasta el polvo, y nuestro cuerpo está postrado hasta la tierra.

26 Levántate para ayudarnos, y redímenos por causa de tu misericordia.

Salmo 45

Al músico principal; sobre Lirios. Masquil de los hijos de Coré. Canción de amores.

Rebosa mi corazón palabra buena; dirijo al rey mi canto; mi lengua es pluma de escribiente muy ligero.

2 Eres el más hermoso de los hijos de los hombres; la gracia se derramó en tus labios; por tanto, Dios te ha bendecido para siempre.

3 Ciñe tu espada sobre el muslo, oh valiente, con tu gloria y con tu majestad.

4 En tu gloria sé prosperado; cabalga sobre palabra de verdad, de humildad y de justicia, y tu diestra te enseñará cosas terribles.

5 Tus saetas agudas, con que caerán pueblos debajo de ti, penetrarán en el corazón de los enemigos del rey.

6 Tu trono, oh Dios, es eterno y para siempre; cetro de justicia es el cetro de tu reino.

7 Has amado la justicia y aborrecido la maldad; por tanto, te ungió Dios, el Dios tuyo, con óleo de alegría más que a tus compañeros.

8 Mirra, áloe y casia exhalan todos tus vestidos; desde palacios de marfil te recrean.

9 Hijas de reyes están entre tus ilustres; está la reina a tu diestra con oro de Ofir.

10 Oye, hija, y mira, e inclina tu oído; olvida tu pueblo, y la casa de tu padre;

11 y deseará el rey tu hermosura; e inclínate a él, porque él es tu Señor.

12 Y las hijas de Tiro vendrán con presentes; implorarán tu favor los ricos del pueblo.

13 Toda gloriosa es la hija del rey en su morada; de brocado de oro es su vestido.

14 Con vestidos bordados será llevada al rey; vírgenes irán en pos de ella, compañeras suyas serán traídas a ti.

15 Serán traídas con alegría y gozo; entrarán en el palacio del rey.

16 En lugar de tus padres serán tus hijos, a quienes harás príncipes en toda la tierra.

17 Haré perpetua la memoria de tu nombre en todas las generaciones, por lo cual te alabarán los pueblos eternamente y para siempre.

Salmo 46

Al músico principal; de los hijos de Coré. Salmo sobre Alamot.

Dios es nuestro amparo y fortaleza, nuestro pronto auxilio en las tribulaciones.

2 Por tanto, no temeremos, aunque la tierra sea removida, y se traspasen los montes al corazón del mar;

3 aunque bramen y se turben sus aguas, y tiemblen los montes a causa de su braveza. Selah.

4 Del río sus corrientes alegran la ciudad de Dios, el santuario de las moradas del Altísimo.

5 Dios está en medio de ella; no será conmovida. Dios la ayudará al clarear la mañana.

6 Bramaron las naciones, titubearon los reinos; dio él su voz, se derritió la tierra.

7 Jehová de los ejércitos está con nosotros; nuestro refugio es el Dios de Jacob. Selah.

8 Venid, ved las obras de Jehová, que ha puesto asolamientos en la tierra.

9 Que hace cesar las guerras hasta los fines de la tierra. Que quiebra el arco, corta la lanza, y quema los carros en el fuego.

10 Estad quietos, y conoced que yo soy Dios; seré exaltado entre las naciones; enaltecido seré en la tierra.

11 Jehová de los ejércitos está con nosotros; nuestro refugio es el Dios de Jacob. Selah.

Salmo 47

Al músico principal. Salmo de los hijos de Coré.

Pueblos todos, batid las manos; aclamad a Dios con voz de júbilo.

2 Porque Jehová el Altísimo es temible; Rey grande sobre toda la tierra.

3 El someterá a los pueblos debajo de nosotros, y a las naciones debajo de nuestros pies.

4 El nos elegirá nuestras heredades; la hermosura de Jacob, al cual amó. Selah.

5 Subió Dios con júbilo, Jehová con sonido de trompeta.

6 Cantad a Dios, cantad; cantad a nuestro Rey, cantad;

7 porque Dios es el Rey de toda la Tierra; cantad con inteligencia.

8 Reinó Dios sobre las naciones; se sentó Dios sobre su santo trono.

9 Los príncipes de los pueblos se reunieron como pueblo de Dios de Abraham;

10 porque de Dios son los escudos de la tierra; él es muy exaltado.

Salmo 48

Cántico. Salmo de los hijos de Coré.

Grande es Jehová, y digno de ser en gran manera alabado en la ciudad de nuestro Dios, en su monte santo.

2 Hermosa provincia, el gozo de toda la tierra, es el monte de Sión, a los lados del norte, la ciudad del gran Rey.

3 En sus palacios Dios es conocido por refugio.

4 Porque he aquí los reyes de la tierra se reunieron; pasaron todos.

5 Y viéndola ellos así, se maravillaron, se turbaron, se apresuraron a huir.

6 Les tomó allí temblor; dolor como de mujer que da a luz.

7 Con viento solano quiebras tú las naves de Tarsis.

8 Como los oímos, así lo hemos visto en la ciudad de Jehová de los ejércitos, en la ciudad de nuestro Dios; la afirmará Dios para siempre. Selah.

9 Nos acordamos de tu misericordia, oh Dios, en medio de tu templo.

10 Conforme a tu nombre, oh Dios, así es tu loor hasta los fines de la tierra; de justicia está llena tu diestra.

11 Se alegrará el monte de Sión; se gozarán las hijas de Judá por tus juicios.

12 Andad alrededor de Sión, y rodeadla; contad sus torres.

13 Considerad atentamente su antemuro, mirad sus palacios; para que lo conteis a la generación venidera.

14 Porque este Dios es Dios nuestro eternamente y para siempre; él nos guiará aun más allá de la muerte.

Salmo 49

Al músico principal. Salmo de los hijos de Coré.

Oíd esto, pueblos todos; escuchad, habitantes todos del mundo,

2 así los plebeyos como los nobles, el rico y el pobre juntamente.

3 Mi boca hablará sabiduría, y el pensamiento de mi corazón inteligencia.

4 Inclinaré al proverbio mi oído; declararé con el arpa mi enigma.

5 ¿Por qué he de temer en los días de adversidad, cuando la iniquidad de mis opresores me rodeare?

6 Los que confían en sus bienes, y de la muchedumbre de sus riquezas se jactan,

7 ninguno de ellos podrá en manera alguna redimir al hermano, ni dar a Dios su rescate

8 (porque la redención de su vida es de gran precio, y no se logrará jamás),

9 para que viva en adelante para siempre, y nunca vea corrupción.

10 Pues verá que aun los sabios mueren; que perecen del mismo modo que el insensato y el necio, y dejan a otros sus riquezas.

11 Su íntimo pensamiento es que sus casas serán eternas, y sus habitaciones para generación y generación; dan sus nombres a sus tierras.

12 Mas el hombre no permanecerá en honra; es semejante a las bestias que perecen.

13 Este su camino es locura; con todo, sus descendientes se complacen en el dicho de ellos. Selah.

14 Como a rebaños que son conducidos al Seol, la muerte los pastoreará, y los rectos se enseñorearán de ellos por la mañana; se consumirá su buen parecer, y el Seol será su morada.

15 Pero Dios redimirá mi vida del poder del Seol, porque él me tomará consigo. Selah.

16 No temas cuando se enriquece alguno, cuando aumenta la gloria de su casa;

17 porque cuando muera no llevará nada, ni descenderá tras él su gloria.

18 Aunque mientras viva, llame dichosa a su alma, y sea loado cuando prospere,

19 entrará en la generación de sus padres, y nunca más verá la luz.

20 El hombre que está en honra y no entiende, semejante es a las bestias que perecen.

Salmo 50

Salmo de Asaf.

El Dios de dioses, Jehová, ha hablado, y convocado la tierra, desde el nacimiento del sol hasta donde se pone.

2 De Sión, perfección de hermosura, Dios ha resplandecido.

3 Vendrá nuestro Dios, y no callará; fuego consumirá delante de él, y tempestad poderosa le rodeará.

4 Convocará a los cielos de arriba, y a la tierra, para juzgar a su pueblo.

5 Juntadme mis santos, los que hicieron conmigo pacto con sacrificio.

6 Y los cielos declararán su justicia, porque Dios es el juez. Selah.

7 Oye, pueblo mío, y hablaré; escucha, Israel, y testificaré contra ti: yo soy Dios, el Dios tuyo.

8 No te reprenderé por tus sacrificios, ni por tus holocaustos, que están continuamente delante de mí.

9 No tomaré de tu casa becerros, ni machos cabríos de tus apriscos.

10 Porque mía es toda bestia del bosque, y los millares de animales en los collados.

11 Conozco a todas las aves de los montes, y todo lo que se mueve en los campos me pertenece.

12 Si yo tuviese hambre, no te lo diría a ti; porque mío es el mundo y su plenitud.

13 ¿He de comer yo carne de toros, o de beber sangre de machos cabríos?

14 Sacrifica a Dios alabanza, y paga tus votos al Altísimo;

15 e invócame en el día de la angustia; te libraré, y tú me honrarás.

16 Pero al malo dijo Dios: ¿qué tienes tú que hablar de mis leyes, y que tomar mi pacto en tu boca?

17 Pues tú aborreces la corrección, y echas a tu espalda mis palabras.

18 Si veías al ladrón, tú corrías con él, y con los adúlteros era tu parte.

19 Tu boca metías en mal, y tu lengua componía engaño.

20 Tomabas asiento, y hablabas contra tu hermano; contra el hijo de tu madre ponías infamia.

21 Estas cosas hiciste, y yo he callado; pensabas que de cierto sería yo como tú; pero te reprenderé, y las pondré delante de tus ojos.

22 Entended ahora esto, los que os olvidáis de Dios, no sea que os despedace, y no haya quien os libre.

23 El que sacrifica alabanza me honrará; y al que ordenare su camino, le mostraré la salvación de Dios.

Salmo 51

Al músico principal. Salmo de David, cuando después que se llegó a Betsabé, vino a él Natán el profeta.

Ten piedad de mí, oh Dios, conforme a tu misericordia; conforme a la multitud de tus piedades borra mis rebeliones.

2 Lávame más y más de mi maldad, y límpiame de mi pecado.

3 Porque yo reconozco mis rebeliones, y mi pecado está siempre delante de mí.

4 Contra ti, contra ti solo he pecado, y he hecho lo malo delante de tus ojos; para que seas reconocido justo en tu palabra, y tenido por puro en tu juicio.

5 He aquí, en maldad he sido formado, y en pecado me concibió mi madre.

6 He aquí, tú amas la verdad en lo íntimo, y en lo secreto me has hecho comprender sabiduría.

7 Purifícame con hisopo, y seré limpio; lávame, y seré más blanco que la nieve.

8 Hazme oír gozo y alegría, y se recrearán los huesos que has abatido.

9 Esconde tu rostro de mis pecados, y borra todas mis maldades.

10 Crea en mí, oh Dios, un corazón limpio, y renueva un espíritu recto dentro de mí.

11 No me eches de delante de ti, y no quites de mí tu santo Espíritu.

12 Vuélveme el gozo de tu salvación, y espíritu noble me sustente.

13 Entonces enseñaré a los transgresores tus caminos, y los pecadores se convertirán a ti.

14 Líbrame de homicidios, oh Dios, Dios de mi salvación; cantará mi lengua tu justicia.

15 Señor, abre mis labios, y publicará mi boca tu alabanza.

16 Porque no quieres sacrificio, que yo lo daría; no quieres holocausto.

17 Los sacrificios de

Dios son el espíritu quebrantado; al corazón contrito y humillado no despreciarás tú, oh Dios.

18 Haz bien con tu benevolencia a Sión; edifica los muros de Jerusalén.

19 Entonces te agradarán los sacrificios de justicia, el holocausto u ofrenda del todo quemada; entonces ofrecerán becerros sobre tu altar.

Salmo 52

Al músico principal; Masquil de David, cuando vino Doeg edomita y dio cuenta a Saúl diciéndole: David ha venido a casa de Ahimelec.

¿Por qué te jactas de maldad, oh poderoso? La misericordia de Dios es continua.

2 Agravios maquina tu lengua; como navaja afilada hace engaño.

3 Amaste el mal más que el bien, la mentira más que la verdad. Selah.

4 Has amado toda suerte de palabras perniciosas, engañosa lengua.

5 Por tanto, Dios te destruirá para siempre; te asolará y te arrancará de tu morada, y te desarraigará de la tierra de los vivientes. Selah

6 Verán los justos, y temerán; se reirán de él, diciendo:

7 he aquí el hombre que no puso a Dios por su fortaleza, sino que confió en la multitud sus riquezas, y se mantuvo en su maldad.

8 Pero yo estoy como olivo verde en la casa de Dios; en la misericordia de Dios confío eternamente y para siempre.

9 Te alabaré para siempre, porque lo has hecho así; y esperaré en tu nombre, porque es bueno, delante de tus santos.

Salmo 53

Al músico principal; sobre Mahalat. Masquil de David.

Dice el necio en su corazón: no hay Dios. Se han corrompido, e hicieron abominable maldad; no hay quien haga bien.

2 Dios desde los cielos miró sobre los hijos de los hombres, para ver si había algún entendido que buscara a Dios.

3 Cada uno se había vuelto atrás; todos se habían corrompido; no hay quien haga lo bueno, no hay ni aun uno.

4 ¿No tienen conocimiento todos los que hacen iniquidad, que devoran a mi pueblo como si comiesen pan, y a Dios no invocan?

5 Allí se sobresaltaron de pavor donde no había miedo, porque Dios ha esparcido los huesos del que puso asedio contra ti; los avergonzaste, porque Dios los desechó.

6 ¡Oh, si saliera de Sión la salvación de Israel! Cuando Dios hiciere volver de la cautividad a su pueblo, se gozará Jacob, y se alegrará Israel.

Salmo 54

Al músico principal; en Neginot. Masquil de David, cuando vinieron los zifeos y dijeron a Saúl; ¿no está David escondido en nuestra tierra?

Oh Dios, sálvame por tu nombre, y con tu poder defiéndeme.

2 Oh Dios, oye mi oración; escucha las razones de mi boca.

3 Porque extraños se han levantado contra mí, y hombres violentos buscan mi vida; no han puesto a Dios delante de sí. Selah

4 He aquí, Dios es el que me ayuda; el Señor está con los que sostienen mi vida.

5 El devolverá el mal a mis enemigos; córtalos por tu verdad.

6 Voluntariamente sacrificaré a ti; alabaré tu nombre, oh Jehová, porque es bueno.

7 Porque él me ha librado de toda angustia, y mis ojos han visto la ruina de mis enemigos.

Salmo 55

Al músico principal; en Neginot. Masquil de David.

Escucha, oh Dios, mi oración, y no te escondas de mi súplica.

2 Está atento, y respóndeme; clamo en mi oración, y me conmuevo,

3 a causa de la voz del enemigo, por la opresión del impío; porque sobre mí echaron iniquidad, y con furor me persiguen.

4 Mi corazón está dolorido dentro de mí, y terrores de muerte sobre mí han caído.

5 Temor y temblor vinieron sobre mí, y terror me ha cubierto.

6 Y dije: ¡quién me diese alas como de paloma! Volaría yo, y descansaría.

7 Ciertamente huiría lejos; moraría en el desierto. Selah.

8 Me apresuraría a escapar del viento borrascoso, de la tempestad.

9 Destrúyelos, oh Señor; confunde la lengua de ellos; porque he visto violencia y rencilla en la ciudad.

10 Día y noche la rodean sobre sus muros, e iniquidad y trabajo hay en medio de ella.

11 Maldad hay en medio de ella, y el fraude y el engaño no se apartan de sus plazas.

12 Porque no me afrentó un enemigo, lo cual habría soportado; ni se alzó contra mí el que me aborrecía, porque me hubiera ocultado de él;

13 sino tú, hombre, al parecer íntimo mío, mi guía, y mi familiar;

14 que juntos comunicábamos dulcemente los secretos, y andábamos en amistad en la casa de Dios.

15 Que la muerte les sorprenda; desciendan vivos al Seol, porque hay maldades en sus moradas, en medio de ellos.

16 En cuanto a mí, a Dios clamaré; y Jehová me salvará.

17 Tarde y mañana y a mediodía oraré y clamaré, y él oirá mi voz.

18 El redimirá en paz mi alma de la guerra contra mí, aunque contra mí haya muchos.

19 Dios oirá, y los quebrantará luego, el que permanece desde la antigüedad; por cuanto no cambian, ni temen a Dios. Selah

20 Extendió el inicuo sus manos contra los que estaban en paz con él; violó su pacto.

21 Los dichos de su boca son más blandos que mantequilla, pero guerra hay en su corazón; suaviza sus palabras más que el aceite, mas ellas son espadas desnudas.

22 Echa sobre Jehová tu carga, y él te sustentará; no dejará para siempre caído al justo.

23 Mas tú, oh Dios, harás descender aquéllos al pozo de perdición. Los hombres sanguinarios y engañadores no llegarán a la mitad de sus días; pero yo en ti confiaré.

Salmo 56

Al músico principal; sobre la paloma silenciosa en paraje muy distante. Mictam de David, cuando los filisteos le prendieron en Gat.

Ten misericordia de mí, oh Dios, porque me devoraría el hombre; me oprime combatiéndome cada día.

2 Todo el día mis enemigos me pisotean; porque muchos son los que pelean contra mí con soberbia.

3 En el día que temo, yo en ti confío.

4 En Dios alabaré su palabra; en Dios he confiado; no temeré; ¿qué puede hacerme el hombre?

5 Todos los días ellos pervierten mi causa; contra mí son todos sus pensamientos para mal.

6 Se reúnen, se esconden, miran atentamente mis pasos, como quienes acechan a mi alma.

7 Pésalos según su iniquidad, oh Dios, y derriba en tu furor a los pueblos.

8 Mis huidas tú has contado; pon mis lágrimas en tu redoma; ¿no están ellas en tu libro?

9 Serán luego vueltos atrás mis enemigos, el día en que yo clamare; esto sé, que Dios está por mí.

10 En Dios alabaré su palabra; en Jehová su palabra alabaré.

11 En Dios he confiado; no temeré; ¿qué puede hacerme el hombre?

12 Sobre mí, oh Dios, están tus votos; te tributaré alabanzas.

13 Porque has librado mi alma de la muerte, y mis pies de caída, para que ande delante de Dios en la luz de los que viven.

Salmo 57

Al músico principal; sobre No destruyas. Mictam de David, cuando huyó de delante de Saúl a la cueva.

Ten misericordia de mí, oh Dios, ten misericordia de mí; porque en ti ha confiado mi alma, y en la sombra de tus alas me ampararé hasta que pasen los quebrantos.

2 Clamaré al Dios Altísimo, al Dios que me favorece.

3 El enviará desde los cielos, y me salvará de la infamia del que me acosa; Selah Dios enviará su misericordia y su verdad.

4 Mi vida está entre leones; estoy echado entre hijos de hombres que vomitan llamas; sus dientes son lanzas y saetas, y su lengua espada aguda.

5 Exaltado seas sobre los cielos, oh Dios; sobre toda la tierra sea tu gloria.

6 Red han armado a mis pasos; se ha abatido mi alma; hoyo han cavado delante de mí; en medio de él han caído ellos mismos. Selah.

7 Pronto está mi corazón, oh Dios, mi corazón está dispuesto; cantaré, y trovaré salmos.

8 Despierta, alma mía; despierta, salterio y arpa; me levantaré de mañana.

9 Te alabaré entre los pueblos, oh Señor; cantaré de ti entre las naciones.

10 Porque grande es hasta los cielos tu misericordia, y hasta las nubes tu verdad.

11 Exaltado seas sobre los cielos, oh Dios; sobre toda la tierra sea tu gloria.

Salmo 58

Al músico principal; sobre No destruyas. Mictam de David.

Oh congregación, ¿pronunciáis en verdad justicia? ¿Juzgáis rectamente, hijos de los hombres?

2 Antes en el corazón maquináis iniquidades; hacéis pesar la violencia de vuestras manos en la tierra.

3 Se apartaron los impíos desde la matriz; se descarriaron hablando mentira desde que nacieron.

4 Veneno tienen como veneno de serpiente; son como el áspid sordo que cierra su oído,

5 que no oye la voz de los que encantan, por más hábil que el encantador sea.

6 Oh Dios, quiebra sus dientes en sus bocas; quiebra, oh Jehová, las muelas de los leoncillos.

7 Sean disipados como aguas que corren; cuando

disparen sus saetas, sean hechas pedazos.

8 Pasen ellos como el caracol que se deslíe; como el que nace muerto, no vean el Sol.

9 Antes que vuestras ollas sientan la llama de los espinos, así vivos, así airados, los arrebatará él con tempestad.

10 Se alegrará el justo cuando viere la venganza; sus pies lavará en la sangre del impío.

11 Entonces dirá el hombre: ciertamente hay galardón para el justo; ciertamente hay Dios que juzga en la tierra.

Salmo 59

Al músico principal; sobre No destruyas. Mictam de David, cuando envió Saúl, y vigilaron la casa para matarlo.

Líbrame de mis enemigos, oh Dios mío; ponme a salvo de los que se levantan contra mí.

2 Líbrame de los que cometen iniquidad, y sálvame de hombres sanguinarios.

3 Porque he aquí están acechando mi vida; se han juntado contra mí poderosos. No por falta mía, ni pecado mío, oh Jehová;

4 sin delito mío corren y se aperciben. Despierta para venir a mi encuentro, y mira.

5 Y tú, Jehová Dios de los ejércitos, dios de Israel, despierta para castigar a todas las naciones; no tengas misericordia de todos los que se rebelan con iniquidad. Selah.

6 Volverán a la tarde, ladrarán como perros, y rodearán la ciudad.

7 He aquí proferirán con su boca; espadas hay en sus labios, porque dicen: ¿Quién oye?

8 Mas tú, Jehová, te reirás de ellos; te burlarás de todas las naciones.

9 A causa del poder del enemigo esperaré en ti, porque Dios es mi defensa.

10 El Dios de mi misericordia irá delante de mí; Dios hará que vea en mis enemigos mi deseo.

11 No los mates, para que mi pueblo no olvide; dispérsalos con tu poder, y abátelos, oh Jehová, escudo nuestro.

12 Por el pecado de su boca, por la palabra de sus

labios, sean ellos presos en su soberbia, y por la maldición y mentira que profieren.

13 Acábalos con furor, acábalos, para que no sean; y sépase que Dios gobierna en Jacob hasta los fines de la tierra. Selah

14 Vuelvan, pues, a la tarde, y ladren como perros, y rodeen la ciudad.

15 Anden ellos errantes para hallar qué comer; y si no se sacian, pasen la noche quejándose.

16 Pero yo cantaré de tu poder, y alabaré de mañana tu misericordia; porque has sido mi amparo y refugio en el día de mi angustia.

17 Fortaleza mía, a ti cantaré; porque eres, oh Dios, mi refugio, el Dios de mi misericordia.

Salmo 60

Al músico principal; sobre Lirios. Testimonio. Mictam de David, para enseñar, cuando tuvo guerra contra Aram-Naharaim y contra Aram de Soba, y volvió Joab, y destrozó a doce mil de Edom en el valle de la Sal.

Oh Dios, tú nos has desechado, nos quebrantaste; te has airado; ¡vuélvete a nosotros!

2 Hiciste temblar la tierra, la has hendido; sana sus roturas, porque titubea.

3 Has hecho ver a tu pueblo cosas duras; nos hiciste beber vino de aturdimiento.

4 Has dado a los que te temen bandera que alcen por causa de la verdad. Selah.

5 Para que se libren tus amados, salva con tu diestra, y óyeme.

6 Dios ha dicho en su santuario: Yo me alegraré; repartiré a Siquem, y mediré el valle de Sucot.

7 Mío es Galaad, y mío es Manasés; y Efraín es la fortaleza de mi cabeza; Judá es mi legislador.

8 Moab, vasija para lavarme; sobre Edom echaré mi calzado; me regocijaré sobre Filistea.

9 ¿Quién me llevará a la ciudad fortificada? ¿Quién me llevará hasta Edom?

10 ¿No serás tú, oh Dios, que nos habías desechado, y no salías, oh Dios, con nuestros ejércitos?

11 Danos socorro contra el enemigo, porque vana es la ayuda de los hombres.

12 En Dios haremos proezas, y él hollará a nuestros enemigos.

Salmo 61

Al músico principal: sobre Neginot. Salmo de David.

Oye, oh Dios, mi clamor, a mi oración atiende.

2 Desde el cabo de la tierra clamaré a ti, cuando mi corazón desmayare. Llévame a la roca que es más alta que yo,

3 porque tú has sido mi refugio, y torre fuerte delante del enemigo.

4 Yo habitaré en tu tabernáculo para siempre; estaré seguro bajo la cubierta de tus alas. Selah.

5 Porque tú, oh dios, has oído mis votos; me has dado la heredad de los que temen tu nombre.

6 Días sobre días añadirás al rey; sus años serán como generación y generación.

7 Estará para siempre delante de Dios; prepara misericordia y verdad para que lo conserven.

8 Así cantaré tu nombre para siempre, pagando mis votos cada día.

Salmo 62

Al músico principal; a Jedutún. Salmo de David.

En Dios solamente está acallada mi alma; de él viene mi salvación.

2 El solamente es mi roca y mi salvación; es mi refugio, no resbalaré mucho.

3 ¿Hasta cuándo maquinaréis contra un hombre, tratando todos vosotros de aplastarle como pared desplomada y como cerca derribada?

4 Solamente consultan para arrojarle de su grandeza. Aman la mentira; con su boca bendicen, pero maldicen en su corazón. Selah.

5 Alma mía, en dios solamente reposa, porque de él es mi esperanza.

6 El solamente es mi roca y mi salvación. Es mi refugio, no resbalaré.

7 En Dios está mi salvación y mi gloria; en Dios está mi roca fuerte, y mi refugio.

8 Esperad en él en todo tiempo, oh pueblos; derramad delante de él vuestro corazón: Dios es nuestro refugio. Selah.

9 Por cierto, vanidad son los hijos de los hombres, mentira los hijos de varón; pesándolos a todos igualmente en la balanza, serán menos que nada.

10 No confiéis en la violencia, ni en la rapiña; no os envanezcáis; ni se aumentan las riquezas, no pongáis el corazón en ellas.

11 Una vez habló Dios; dos veces he oído esto: que de Dios es el poder;

12 y tuya, oh Señor, es la misericordia; porque tú pagas a cada uno conforme a su obra.

Salmo 63

Salmo de David, cuando estaba en el desierto de Judá.

Dios, Dios mío eres tú; de madrugada te buscaré; mi alma tiene sed de ti, mi carne te anhela, en tierra seca y árida donde no hay aguas,

2 para ver tu poder y tu gloria, así como te he mirado en el santuario.

3 Porque mejor es tu misericordia que la vida; mis labios te alabarán.

4 Así te bendeciré en mi vida; en tu nombre alzaré mis manos.

5 Como de meollo y de grosura será saciada mi alma, y con labios de júbilo te alabará mi boca,

6 cuando me acuerde de ti en mi lecho, cuando medite en ti en las vigilias de la noche.

7 Porque has sido mi socorro, y así en la sombra de tus alas me regocijaré.

8 Está mi alma apegada a ti; tu diestra me ha sostenido.

9 Pero los que para destrucción buscaron mi alma caerán en los sitios bajos de la tierra.

10 Los destruirán a filo de espada; serán porción de los chacales.

11 Pero el rey se alegrará en Dios; será alabado cualquiera que jura por él; porque la boca de los que hablan mentira será cerrada.

Salmo 64

Al músico principal. Salmo de David.

Escucha, oh dios, la voz de mi queja; guarda mi vida del temor del enemigo.

2 Escóndeme del consejo secreto de los malignos, de la conspiración de los que hacen iniquidad,

3 que afilan como espada su lengua; lanzan cual saeta suya, palabra amarga,

4 para asaetear a escondidas al íntegro; de repente lo asaetean, y no temen.

5 Obstinados en su inicuo designio, tratan de esconder los lazos, y dicen: ¿Quién los ha de ver?

6 Inquieren iniquidades, hacen una investigación exacta; y el íntimo pensamiento de cada uno de ellos, así como su corazón, es profundo.

7 Mas Dios los herirá con saeta; de repente serán sus plagas.

8 Sus propias lenguas los harán caer; se espantarán todos los que los vean.

9 Entonces temerán todos los hombres, y anunciarán la obra de Dios, y entenderán sus hechos.

10 Se alegrará el justo en Jehová, y confiará en él; y se gloriarán todos los rectos de corazón.

Salmo 65

Al músico principal. Salmo. Cántico de David.

Tuya es la alabanza en Sión, oh Dios, y a ti se pagarán los votos.

2 Tú oyes la oración; a ti vendrá toda carne.

3 Las iniquidades prevalecen contra mí; mas nuestras rebeliones tú las perdonarás.

4 Bienaventurado el que tú escogieres y atrajeres a ti, para que habite en tus atrios; seremos saciados del bien de tu casa, de tu santo templo.

5 Con tremendas cosas nos responderás tú en justicia, oh Dios de nuestra salvación, esperanza de todos los términos de la tierra, y de los más remotos confines del mar.

6 Tú, el que afirma los montes con su poder, ceñido de valentía;

7 el que sosiega el estruendo de los mares, el estruendo de sus ondas, y el alboroto de las naciones.

8 Por tanto, los habitantes de los fines de la tierra temen de tus maravillas. Tú haces alegrar las salidas de la mañana y de la tarde.

9 Visitas la tierra y la riegas; en gran manera la enriqueces; con el río de Dios, lleno de aguas, preparas el grano de ellos, cuando así la dispones.

10 Haces que se empapen sus surcos, haces descender sus canales; la ablandas con lluvias, bendices sus renuevos.

11 Tú coronas el año con tus bienes, y tus nubes destilan grosura.

12 Destilan sobre los pastizales del desierto, y los collados se ciñen de alegría.

13 Se visten de manadas los llanos, y los valles se cubren de grano; dan voces de júbilo, y aun cantan.

Salmo 66

Al músico principal. Cántico. Salmo.

Aclamad a Dios con alegría, toda la tierra.

2 Cantad la gloria de su nombre; poned glória en su alabanza.

3 Decid a Dios: ¡Cuán asombrosas son tus obras! Por la grandeza de tu poder se someterán a ti tus enemigos.

4 Toda la tierra te adorará y cantará a ti; cantarán a tu nombre. Selah

5 Venid, y ved las obras de Dios, temible en hechos sobre los hijos de los hombres.

6 Volvió el mar en seco; por el río pasaron a pie; allí en él nos alegramos.

7 El señorea con su poder para siempre; sus ojos atalayan sobre las naciones; los rebeldes no serán enaltecidos. Selah.

8 Bendecid, pueblos, a nuestro Dios, y haced oír la voz de su alabanza.

9 El es quien preservó la vida a nuestra alma, y no permitió que nuestros pies resbalasen.

10 Porque tú nos probaste, oh Dios; nos ensayaste como se afina la plata.

11 Nos metiste en la red; pusiste sobre nuestros lomos pesada carga.

12 Hiciste cabalgar hombres sobre nuestra cabeza; pasamos por el fuego y por el agua, y nos sacaste a abundancia.

13 Entraré en tu casa con holocaustos; te pagaré mis votos,

14 que pronunciaron mis labios y habló mi boca, cuando estaba angustiado.

15 Holocaustos de animales engordados te ofreceré, con sahumerio de carneros; te ofreceré en sacrificio bueyes y machos cabríos. Selah.

16 Venid, oíd todos los que teméis a Dios, y contaré lo que ha hecho a mi alma.

17 A él clamé con mi boca, y fue exaltado con mi lengua.

18 Si en mi corazón hubiese yo mirado a la iniquidad, el Señor no me habría escuchado.

19 Mas ciertamente me escuchó Dios; atendió a la voz de mi súplica.

20 Bendito sea Dios, que no echó de sí, mi oración, ni de mí, su misericordia.

Salmo 67

Al músico principal; en Neginot. Salmo. Cántico.

Dios tenga misericordia de nosotros, y nos bendiga; haga resplandecer su rostro sobre nosotros; Selah,

2 para que sea conocido en la tierra tu camino, en todas las naciones tu salvación.

3 Te alaben los pueblos, oh Dios; todos los pueblos te alaben.

4 Alégrense y gócense las naciones, porque juzgarás los pueblos con equidad, y pastorearás las naciones en la tierra. Selah.

5 Te alaben los pueblos, oh Dios; todos los pueblos te alaben.

6 La tierra dará su fruto; nos bendecirá Dios, el Dios nuestro.

7 Bendíganos Dios, y témanlo todos los términos de la tierra.

Salmo 68

Al músico principal. Salmo de David.

Levántese Dios, sean esparcidos sus enemigos, y huyan de su presencia los que le aborrecen.

2 Como es lanzado el humo, los lanzarás; como se derrite la cera delante del fuego, así perecerán los impíos delante de Dios.

3 Mas los justos se alegrarán; se gozarán delante de Dios, y saltarán de alegría.

4 Cantad a Dios, cantad salmos a su nombre; exaltad al que cabalga sobre los cielos. JAH es su nombre; alegraos delante de él.

5 Padre de huérfanos y defensor de viudas es Dios en su santa morada.

6 Dios hace habitar en familia a los desamparados; saca a los cautivos a prosperidad; mas los rebeldes habitan en tierra seca.

7 Oh Dios, cuando tú saliste delante de tu pueblo, cuando anduviste por el desierto, Selah

8 la tierra tembló; también destilaron los cielos ante la presencia de Dios; aquel Sinaí tembló delante de Dios, del Dios de Israel.

9 Abundante lluvia esparciste, oh Dios; a tu heredad exhausta tú la reanimaste.

10 Los que son de tu grey han morado en ella; por tu bondad, oh Dios, has provisto al pobre.

11 El Señor daba palabra; había grande multitud de las que llevaban buenas nuevas.

12 Huyeron, huyeron reyes de ejércitos, y las que se quedaban en casa repartían los despojos.

13 Bien que fuisteis echados entre los tiestos, seréis como alas de paloma cubiertas de plata, y sus plumas con amarillez de oro.

14 Cuando esparció el Omnipotente los reyes allí, fue como si hubiese nevado en el monte Salmón.

15 Monte de Dios es el monte de Basán; monte alto el de Basán.

16 ¿Por qué observáis, oh montes altos, al monte que deseó Dios para su morada? Ciertamente, Jehová habitará en él para siempre.

17 Los carros de Dios se cuentan por veintenas de millares de millares; el Señor viene del Sinaí a su santuario.

18 Subiste a lo alto, cautivaste la cautividad, tomaste dones para los hombres, y también para los rebeldes, para que habite entre ellos JAH Dios.

19 Bendito el Señor; cada día nos colma de beneficios el Dios de nuestra salvación. Selah.

20 Dios, nuestro Dios ha de salvarnos, y de Jehová el Señor es el librar de la muerte.

21 Ciertamente Dios herirá la cabeza de sus enemigos, la testa cabelluda del que camina en sus pecados.

22 El Señor dijo: De Basán te haré volver; te haré volver de las profundidades del mar;

23 porque tu pie se enrojecerá de sangre de tus enemigos, y de ella la lengua de tus perros.

24 Vieron tus caminos, oh Dios; los caminos de mi Dios, de mi Rey, en el santuario.

25 Los cantores iban delante, los músicos detrás; en medio las doncellas con panderos.

26 Bendecid a Dios en las congregaciones; al Señor; vosotros de la estirpe de Israel.

27 Allí estaba el joven Benjamín, señoreador de ellos, los príncipes de Judá en su congregación, los príncipes de Zabulón, los príncipes de Neftalí.

28 Tu Dios ha ordenado tu fuerza; confirma, oh Dios, lo que has hecho para nosotros.

29 Por razón de tu templo en Jerusalén, los reyes te ofrecerán dones.

30 Reprime la reunión de gentes armadas, la multitud de toros con los becerros de los pueblos, hasta que todos se sometan con sus piezas de plata; esparce a los pueblos que se complacen en la guerra.

31 Vendrán príncipes de Egipto; Etiopía se apresurará a extender sus manos hacia Dios.

32 Reinos de la tierra, cantad a Dios, cantad al Señor; Selah.

33 al que cabalga sobre los cielos de los cielos, que son desde la antigüedad; he aquí dará su voz, poderosa voz.

34 Atribuid poder a Dios; sobre Israel en su magnificencia, y su poder está en los cielos.

35 Temible eres, oh Dios, desde tus santuarios; el Dios de Israel, él da fuerza y vigor a su pueblo. Bendito sea Dios.

Salmo 69

Al músico principal; sobre Lirios. Salmo de David.

Sálvame, oh Dios, porque las aguas han entrado hasta el alma.

2 Estoy hundido en cieno profundo, donde no puedo hacer pie; he venido a abismos de aguas, y la corriente me ha anegado.

3 Cansado estoy de llamar; mi garganta se ha enronquecido; han desfallecido mis ojos esperando a mi Dios.

4 Se han aumentado más que los cabellos de mi cabeza los que me aborrecen sin causa; se han hecho poderosos mis enemigos, los que me destruyen sin tener porqué. ¿Y he de pagar lo que no robé?

5 Dios, tú conoces mi insensatez, y mis pecados no te son ocultos.

6 No sean avergonzados por causa mía los que en ti confían, oh Señor Jehová de los ejércitos; no sean confundidos por mí los que te buscan, oh Dios de Israel.

7 Porque por amor de ti he sufrido afrenta; confusión ha cubierto mi rostro.

8 Extraño he sido para mis hermanos, y desconocido para los hijos de mi madre.

9 Porque me consumió el celo de tu casa; y los denuestos de los que te vituperaban cayeron sobre mí.

10 Lloré afligiendo con ayuno mi alma, y esto me ha sido por afrenta.

11 Puse además cilicio por mi vestido, y vine a serles por proverbio.

12 Hablaban contra mí los que se sentaban a la puerta, y me zaherían en sus canciones los bebedores.

13 Pero yo a ti oraba, oh Jehová, al tiempo de tu buena voluntad; oh Dios, por la abundancia de tu misericordia, por la verdad de tu salvación, escúchame.

14 Sácame del lodo, y no sea yo sumergido; sea yo libertado de los que me aborrecen, y de lo profundo de las aguas.

15 No me anegue la corriente de las aguas, ni me trague el abismo, ni el pozo cierre sobre mí su boca.

16 Respóndeme, Jehová, porque benigna es tu misericordia; mírame conforme a la multitud de tus piedades.

17 No escondas de tu siervo tu rostro, porque estoy angustiado; apresúrate, óyeme.

18 Acércate a mi alma, redímela; líbrame a causa de mis enemigos.

19 Tú sabes mi afrenta, mi confusión y mi oprobio; delante de ti están todos mis adversarios.

20 El escarnio ha quebrantado mi corazón, y estoy acongojado. Esperé quien se compadeciese de mí, y no lo hubo; y consoladores, y ninguno hallé.

21 Me pusieron además hiel por comida, y en mi sed me dieron a beber vinagre.

22 Sea su convite delante de ellos por lazo, y lo que es para bien, por tropiezo.

23 Sean oscurecidos sus ojos para que no vean, y haz temblar continuamente sus lomos.

24 Derrama sobre ellos tu ira, y el furor de tu enojo los alcance.

25 Sea su palacio asolado; en sus tiendas no haya morador.

26 Porque persiguieron al que tú heriste, y cuentan del dolor de los que tú llagaste.

27 Pon maldad sobre su maldad, y no entren en tu justicia.

28 Sean raídos del libro de los vivientes, y no sean escritos entre los justos.

29 Mas a mí, afligido y miserable, tu salvación, oh Dios, me ponga en alto.

30 Alabaré yo el nombre de Dios con cántico, lo exaltaré con alabanza.

31 Y agradará a Jehová más que sacrificio de buey, o becerro que tiene cuernos y pezuñas;

32 lo verán los oprimidos, y se gozarán. Buscad a Dios, y vivirá vuestro corazón,

33 porque Jehová oye a los menesterosos, y no menosprecia a sus prisioneros.

34 Alábenle los cielos y la tierra, los mares, y todo lo que se mueve en ellos.

35 Porque Dios salvará a Sión, y reedificará las ciudades de Judá; y habitarán allí, y la poseerán.

36 La descendencia de sus siervos la heredará, y los que aman su nombre habitarán en ella.

Salmo 70

Al músico principal. Salmo de David, para conmemorar.

Oh Dios, acude a librarme; apresúrate, oh Dios, a socorrerme.

2 Sean avergonzados y confundidos los que buscan mi vida; sean vueltos atrás y avergonzados los que mi mal desean.

3 Sean vueltos atrás, en pago de su afrenta hecha, los que dicen: ¡Ah! ¡Ah!

4 Gócense y alégrense en ti todos los que te buscan, y digan siempre los que aman tu salvación: engrandecido sea Dios.

5 Yo estoy afligido y menesteroso; apresúrate a mí, oh Dios. Ayuda mía y mi libertador eres tú; oh Jehová, no te detengas.

Salmo 71

En ti, oh Jehová, me he refugiado; no sea yo avergonzado jamás.

2 Socórreme y líbrame en tu justicia; inclina tu oído y sálveme.

3 Sé para mí una roca de refugio, adonde recurra yo continuamente. Tú has dado mandamiento para salvarme, porque tú eres mi roca y mi fortaleza.

4 Dios mío, líbrame de la mano del impío, de la mano del perverso y violento.

5 Porque tú, oh Señor Jehová, eres mi esperanza, seguridad mía desde mi juventud.

6 En ti he sido sustentado desde el vientre; de las entrañas de mi madre tú fuiste el que me sacó; de ti será siempre mi alabanza.

7 Como prodigio he sido a muchos, y tú mi refugio fuerte.

8 Sea llena mi boca de tu alabanza, de tu gloria todo el día.

9 No me deseches en el tiempo de la vejez; cuando mi fuerza se acabare, no me desampares.

10 Porque mis enemigos hablan de mí, y los que acechan mi alma consultaron juntamente,

11 diciendo: Dios lo ha desamparado; perseguidle y tomadle, porque no hay quien le libre.

12 Oh Dios, no te alejes de mí; Dios mío, acude pronto en mi socorro.

13 Sean avergonzados,

perezcan los adversarios de mi alma; sean cubiertos de vergüenza y de confusión los que mi mal buscan.

14 Mas yo esperaré siempre, y te alabaré más y más.

15 Mi boca publicará tu justicia y tus hechos de salvación todo el día, aunque no sé su número.

16 Vendré a los hechos poderosos de Jehová el Señor, haré memoria de tu justicia, de la tuya sola.

17 Oh Dios, me enseñaste desde mi juventud, y hasta ahora he manifestado tus maravillas.

18 Aún en la vejez y las canas, oh Dios, no me desampares, hasta que anuncie tu poder a la posteridad, y tu potencia a todos los que han de venir,

19 y tu justicia, oh Dios, hasta lo excelso. Tú has hecho grandes cosas; oh Dios, ¿Quién como tú?

20 Tú, que me has hecho ver muchas angustias y males, volverás a darme vida, y de nuevo me levantarás de los abismos de la tierra.

21 Aumentarás mi grandeza, y volverás a consolarme.

22 Asimismo, yo te alabaré con instrumento de salterio, oh Dios mío; tu verdad cantaré a ti en el arpa, oh Santo de Israel.

23 Mis labios se alegrarán cuando cante a ti, y mi alma, la cual redimiste.

24 Mi lengua hablará también de tu justicia todo el día; por cuanto han sido avergonzados, porque han sido confundidos los que mi mal procuraban.

Salmo 72

Para Salomón.

Oh Dios, da tus juicios al rey, y tu justicia al hijo del rey.

2 El juzgará a tu pueblo con justicia, y a tus afligidos con juicio.

3 Los montes llevarán paz al pueblo, y los collados justicia.

4 Juzgará a los afligidos del pueblo, salvará a los hijos del menesteroso, y aplastará al opresor.

5 Te temerán mientras duren el sol y la luna, de generación en generación.

6 Descenderá como la lluvia sobre la hierba cortada; como el rocío que destila sobre la tierra.

7 Florecerá en sus días justicia, y muchedumbre de paz, hasta que no haya luna.

8 Dominará de mar a mar, y desde el río hasta los confines de la tierra.

9 Ante él se postrarán los moradores del desierto, y sus enemigos lamerán el polvo.

10 Los reyes de Tarsis y de las costas traerán presentes; los reyes de Sabá y de Seba ofrecerán dones.

11 Todos los reyes se postrarán delante de él; todas las naciones le servirán.

12 Porque él librará al menesteroso que clamare, y al afligido que no tuviere quien le socorra.

13 Tendrá misericordia del pobre y del menesteroso, y salvará la vida de los pobres.

14 De engaño y de violencia redimirá sus almas, y la sangre de ellos será preciosa ante sus ojos.

15 Vivirá, y se le dará del oro de Sabá, y se orará por él continuamente; todo el día se le bendecirá.

16 Será echado un puñado de grano en la tierra, en las cumbres de los montes; su fruto hará ruido como el Líbano, y los de la ciudad florecerán como la hierba de la tierra.

17 Será su nombre para siempre, se perpetuará su nombre mientras dure el sol. Benditas serán en él todas las naciones; lo llamarán bienaventurado.

18 Bendito Jehová Dios, el Dios de Israel, el único que hace maravillas.

19 Bendito su nombre glorioso para siempre, y toda la tierra sea llena de su gloria. Amén y Amén.

20 Aquí terminan las oraciones de David, hijo de Isaí.

Libro III

Salmo 73

Salmo de Asaf.

Ciertamente es bueno Dios para con Israel, para con los limpios de corazón.

2 En cuanto a mí, casi se deslizaron mis pies; por poco resbalaron mis pasos.

3 Porque tuve envidia de los arrogantes, viendo la prosperidad de los impíos.

4 Porque no tienen congojas por su muerte, pues su vigor está entero.

5 No pasan trabajos como los otros mortales, ni son azotados como los demás hombres.

6 Por tanto, la soberbia los corona, se cubren de vestido de violencia.

7 Los ojos se les saltan de gordura; logran con creces los antojos del corazón.

8 Se mofan y hablan con maldad de hacer violencia; hablan con altanería.

9 Ponen su boca contra el cielo, y su lengua pasea la tierra.

10 Por eso Dios hará volver a su pueblo aquí, y aguas en abundancia serán extraídas para ellos.

11 Y dicen: ¿Cómo sabe Dios? ¿Y hay conocimiento en el Altísimo?

12 He aquí estos impíos, sin ser turbados del mundo, alcanzaron riquezas.

13 Verdaderamente en vano he limpiado mi corazón, y lavado mis manos en inocencia;

14 pues he sido azotado todo el día, y castigado todas las mañanas.

15 Si dijera yo: Hablaré como ellos, he aquí a la generación de tus hijos, engañaría.

16 Cuando pensé para saber esto, fue duro trabajo para mí,

17 hasta que entrando en el santuario de Dios, comprendí el fin de ellos.

18 Ciertamente los has puesto en deslizaderos; en asolamientos los harás caer.

19 ¡Cómo han sido asolados de repente! Perecieron, se consumieron de terrores.

20 Como sueño del que despierta, así, Señor,

cuando despertares, menospreciarás su apariencia.

21 Se llenó de amargura mi alma, y en mi corazón sentía punzadas.

22 Tan torpe era yo, que no entendía; era como una bestia delante de ti.

23 Con todo, yo siempre estuve contigo; me tomaste de la mano derecha.

24 Me has guiado según tu consejo, y después me recibirás en gloria.

25 ¿A quién tengo yo en los cielos, sino a ti? y fuera de ti nada deseo en la tierra.

26 Mi carne y mi corazón desfallecen; mas la roca de mi corazón y mi porción es Dios para siempre.

27 Porque he aquí, los que se alejan de ti perecerán; tú destruirás a todo aquel que de ti se aparta.

28 Pero en cuanto a mí, el acercarme a Dios es el bien; he puesto en Jehová el Señor mi esperanza, para contar todas tus obras.

Salmo 74

Masquil de Asaf.

¿Por qué, oh Dios, nos has desechado para siempre? ¿Por qué se ha encendido tu furor contra las ovejas de tu prado?

2 Acuérdate de tu congregación, la que adquiriste desde tiempos antiguos, la que redimiste para hacerla la tribu de tu herencia; este monte de Sión, donde has habitado.

3 Dirige tus pasos a los asolamientos eternos, a todo el mal que el enemigo ha hecho en el santuario.

4 Tus enemigos vociferan en medio de tus asambleas; han puesto sus divisas por señales.

5 Se parecen a los que levantan el hacha en medio de tupido bosque.

6 Y ahora con hachas y martillos han quebrado todas sus entalladuras.

7 Han puesto a fuego tu santuario, han profanado el tabernáculo de tu nombre, echándolo a tierra.

8 Dijeron en su corazón: Destruyámolos de una vez; han quemado todas las sinagogas de Dios en la tierra.

9 No vemos ya nuestra señales; no hay más profeta, ni entre nosotros hay quien sepa hasta cuándo.

10 ¿Hasta cuándo, oh

Dios, nos afrentará el angustiador? ¿Ha de blasfemar el enemigo perpetuamente tu nombre?

11 ¿Por qué retraes tu mano? ¿Por qué escondes tu diestra en tu seno?

12 Pero Dios es mi rey desde tiempo antiguo; el que obra salvación en medio de la tierra.

13 Dividiste el mar con tu poder; quebrantaste cabezas de monstruos en las aguas.

14 Magullaste las cabezas del leviatán, y lo diste por comida a los moradores del desierto.

15 Abriste la fuente y el río; secaste ríos impetuosos.

16 Tuyo es el día, tuya también es la noche; tú estableciste la luna y el sol.

17 Tú fijaste todos los términos de la tierra; el verano y el invierno tú los formaste.

18 Acuérdate de esto: que el enemigo ha enfrentado a Jehová, y pueblo insensato ha blasfemado tu nombre.

19 No entregues a las fieras el alma de tu tórtola, y no olvides para siempre la congregación de tus afligidos.

20 Mira al pacto, porque los lugares tenebrosos de la tierra están llenos de habitaciones de violencia.

21 No vuelva avergonzado el abatido; el afligido y el menesteroso alabarán tu nombre.

22 Levántate, oh Dios, aboga tu causa; acuérdate de cómo el insensato te injuria cada día.

23 No olvides las voces de tus enemigos; el alboroto de los que se levantan contra ti sube continuamente.

Salmo 75

Al músico principal; sobre No destruyas. Salmo de Asaf. Cántico.

Gracias te damos, oh Dios, gracias te damos, pues cercano está tu nombre; los hombres cuentan tus maravillas.

2 Al tiempo que señalaré yo juzgaré rectamente.

3 Se arruinaban la tierra y sus moradores; yo sostengo sus columnas. Selah

4 Dije a los insensatos: No os infatuéis; y a los impíos: No os enorgullezcáis;

5 no hagáis alarde de

vuestro poder; no habléis con cerviz erguida.

6 Porque ni de oriente ni de occidente, ni del desierto viene el enaltecimiento.

7 Mas Dios es el juez; a éste humilla, y a aquél enaltece.

8 Porque el cáliz está en la mano de Jehová, y el vino está fermentado, lleno de mistura; y él derrama del mismo; hasta el fondo lo apurarán, y lo beberán todos los impíos de la tierra.

9 Pero yo siempre anunciaré y cantaré alabanzas al Dios de Jacob.

10 Quebrantaré todo el poderío de los pecadores, pero el poder del justo será exaltado.

Salmo 76

Al músico principal; sobre Neginot. Salmo de Asaf. Cántico.

Dios es conocido en Judá; en Israel es grande su nombre.

2 En Salem está su tabernáculo, y su habitación en Sión.

3 Allí quebró las saetas del arco, el escudo, la espada y las armas de guerra. Selah

4 Glorioso eres tú, poderoso más que los montes de caza.

5 Los fuertes de corazón fueron despojados, durmieron su sueño; no hizo uso de sus manos ninguno de los varones fuertes.

6 A tu reprensión, oh Dios de Jacob, el carro y el caballo fueron entorpecidos.

7 Tú, temible eres tú; ¿Y quién podrá estar en pie delante de ti cuando se encienda tu ira?

8 Desde los cielos hiciste oír juicio; la tierra tuvo temor y quedó suspensa

9 cuando te levantaste, oh dios, para juzgar, para salvar a todos los mansos de la tierra. Selah.

10 Ciertamente la ira del hombre te alabará; tú reprimirás el resto de las iras.

11 Prometed y pagad a Jehová vuestro Dios; todos los que están alrededor de él, traigan ofrendas al Temible.

12 Cortará él el espíritu de los príncipes. Temible es a los reyes de la tierra.

Salmo 77

Al músico principal; para Jedutún. Salmo de Asaf.

Con mi voz clamé a Dios, a Dios clamé, y él me escuchará.

2 Al Señor busqué en el día de mi angustia; alzaba a él mis manos de noche, sin descanso; mi alma rehusaba consuelo.

3 Me acordaba de Dios, y me conmovía; me quejaba, y desmayaba mi espíritu. Selah.

4 No me dejabas pegar los ojos; estaba yo quebrantado, y no hablaba.

5 Consideraba los días desde el principio, los años de los siglos.

6 Me acordaba de mis cánticos de noche; meditaba en mi corazón, y mi espíritu inquiría:

7 ¿Desechará el Señor para siempre, y no volverá más a sernos propicio?

8 ¿Ha cesado para siempre su misericordia: ¿Se ha acabado perpetuamente su promesa?

9 ¿Ha olvidado Dios el tener misericordia? ¿Ha encerrado con ira sus piedades? Selah.

10 Dije: Enfermedad mía es ésta; traeré, pues, a la memoria los años de la diestra del Altísimo.

11 Me acordaré de las obras de JAH. Sí, haré yo memoria de tus maravillas antiguas.

12 Meditaré en todas tus obras, y hablaré de tus hechos.

13 Oh Dios, santo es tu camino; ¿qué dios es grande como nuestro Dios?

14 Tú eres el Dios que hace maravillas; hiciste notorio en los pueblos tu poder.

15 Con tu brazo redimiste a tu pueblo, a los hijos de Jacob y de José. Selah.

16 Te vieron las aguas, oh Dios; las aguas te vieron, y temieron; los abismos también se estremecieron.

17 Las nubes echaron inundaciones de aguas; tronaron los cielos, y discurrieron tus rayos.

18 La voz de tu trueno estaba en el torbellino; tus relámpagos alumbraron el mundo; se estremeció y tembló la tierra.

19 En el mar fue tu camino, y tus sendas en las muchas aguas; y tus pisadas no fueron conocidas.

20 Condujiste a tu

pueblo como ovejas por mano de Moisés y de Aarón.

Salmo 78

Masquil de Asaf.

Escucha, pueblo mío, mi ley, inclinad vuestro oído a las palabras de mi boca.

2 Abriré mi boca en proverbios; hablaré cosas escondidas desde tiempos antiguos,

3 las cuales hemos oído y entendido; que nuestros padres nos las contaron.

4 No las encubriremos a sus hijos, contando a la generación venidera las alabanzas de Jehová, y su potencia, y las maravillas que hizo.

5 El estableció testimonio en Jacob, y puso ley en Israel, la cual mandó a nuestros padres que la notificasen a sus hijos;

6 para que lo sepa la generación venidera, y los hijos que nacerán; y los que se levantarán lo cuenten a sus hijos,

7 a fin de que pongan en Dios su confianza, y no se olviden de las obras de Dios; que guarden sus mandamientos,

8 y no sean como sus padres, generación contumaz y rebelde; generación que no dispuso su corazón, ni fue fiel para con Dios su espíritu.

9 Los hijos de Efraín, arqueros armados, volvieron las espaldas en el día de la batalla.

10 No guardaron el pacto de Dios, ni quisieron andar en su ley;

11 sino que se olvidaron de sus obras y de sus maravillas que les había mostrado.

12 Delante de sus padres hizo maravillas en la tierra de Egipto, en el campo de Zoán.

13 Dividió el mar y los hizo pasar; detuvo las aguas como en un montón.

14 Les guió de día con nube, y toda la noche con resplandor de fuego.

15 Hendió las peñas en el desierto, y les dio a beber como de grandes abismos,

16 pues sacó de la peña corrientes, e hizo descender aguas como ríos.

17 Pero aún volvieron a pecar contra él, rebelándose contra el Altísimo en el desierto;

18 pues tentaron a Dios en su corazón, pidiendo comida a su gusto.

19 Y hablaron contra Dios, diciendo: ¿Podrá poner mesa en el desierto?

20 He aquí ha herido la peña, y brotaron aguas, y torrentes inundaron la tierra; ¿podrá dar también pan? ¿Dispondrá carne para su pueblo?

21 Por tanto, oyó Jehová, y se indignó; se encendió el fuego contra Jacob, y el furor subió también contra Israel,

22 por cuanto no habían creído a Dios, ni habían confiado en su salvación.

23 Sin embargo, mandó a las nubes de arriba, y abrió las puertas de los cielos,

24 e hizo llover sobre ellos maná para que comiesen, y les dio trigo de los cielos.

25 Pan de nobles comió el hombre; les envió comida hasta saciarles.

26 Movió el solano en el cielo, y trajo con su poder el viento sur,

27 e hizo llover sobre ellos carne como polvo, como arena del mar, aves que vuelan.

28 Las hizo caer en medio del campamento, alrededor de sus tiendas.

29 Comieron y se saciaron; les cumplió, pues, su deseo.

30 No habían quitado de sí su anhelo, aún estaba la comida en su boca,

31 cuando vino sobre ellos el furor de Dios, e hizo morir a los más robustos de ellos, y derribó a los escogidos de Israel.

32 Con todo esto, pecaron aún, y no dieron crédito a sus maravillas.

33 Por tanto, consumió sus días en vanidad, y sus años en tribulación.

34 Si los hacía morir, entonces buscaban a Dios; entonces se volvían solícitos en busca suya,

35 y se acordaban de que Dios era su refugio, y el Dios Altísimo su redentor.

36 Pero le lisonjeaban con su boca, y con su lengua le mentían;

37 pues sus corazones no eran rectos con él, ni estuvieron firmes en su pacto.

38 Pero él, misericordioso, perdonaba la maldad, y no los destruía; y apartó muchas veces su ira, y no despertó todo su enojo.

39 Se acordó de que eran carne, soplo que va y no vuelve.

40 ¡Cuántas veces se rebelaron contra él en el desierto, lo enojaron en el yermo!

41 Y volvían, y tentaban a Dios, y provocaban al Salto de Israel.

42 No se acordaron de su mano, del día que los redimió de la angustia;

43 cuando puso en Egipto sus señales, y sus maravillas en el campo de Zoán;

44 y volvió sus ríos en sangre, y sus corrientes, para que no bebiesen.

45 Envió entre ellos enjambres de moscas que los devoraban, y ranas que los destruían.

46 Dio también a la oruga sus frutos, y sus labores a la langosta.

47 Sus viñas destruyó con granizo, y sus higuerales con escarcha;

48 entregó al pedrisco sus bestias, y sus ganados a los rayos.

49 Envió sobre ellos el ardor de su ira; enojo, indignación y angustia, un ejército de ángeles destructores.

50 Dispuso camino a su furor; no eximió la vida de ellos de la muerte, sino que entregó su vida a la mortandad.

51 Hizo morir a todo primogénito en Egipto, las primicias de su fuerza en las tiendas de Cam.

52 Hizo salir a su pueblo como ovejas, y los llevó por el desierto como un rebaño.

53 Los guió con seguridad, de modo que no tuvieran temor; y el mar cubrió a sus enemigos.

54 Los trajo después a las fronteras de su tierra santa, a este monte que ganó su mano derecha.

55 Echó las naciones de delante de ellos; con cuerdas repartió sus tierras en heredad, e hizo habitar en sus moradas a las tribus de Israel.

56 Pero ellos tentaron y enojaron al Dios Altísimo, y no guardaron sus testimonios;

57 sino que se volvieron y se rebelaron como sus padres; se volvieron como arco engañoso.

58 Le enojaron con sus

lugares altos, y le provocaron a celo con sus imágenes de talla.

59 Lo oyó Dios y se enojó, y en gran manera aborreció a Israel.

60 Dejó, por tanto, el tabernáculo de Silo, la tienda en que habitó entre los hombres,

61 y entregó a cautiverio su poderío, y su gloria en mano del enemigo.

62 Entregó también su pueblo a la espada, y se irritó contra su heredad.

63 El fuego devoró a sus jóvenes, y sus vírgenes no fueron loadas en cantos nupciales.

64 Sus sacerdotes cayeron a espada, y sus viudas no hicieron lamentación.

65 Entonces despertó el Señor como quien duerme, como un valiente que grita excitado del vino,

66 e hirió a sus enemigos por detrás; les dio perpetua afrenta.

67 Desechó la tienda de José, y no escogió la tribu de Efraín,

68 sino que escogió la tribu de Judá, el monte de Sión, al cual amó.

69 Edificó su santuario a manera de eminencia, como la tierra que cimentó para siempre.

70 Eligió a David su siervo, y lo tomó de las majadas de las ovejas;

71 de tras las paridas lo trajo, para que apacentase a Jacob su pueblo, y a Israel su heredad.

72 Y los apacentó conforme a la integridad de su corazón, los pastoreó con la pericia de sus manos.

Salmo 79

Salmo de Asaf.

Oh Dios, vinieron las naciones a tu heredad; han profanado tu santo templo; redujeron a Jerusalén a escombros.

2 Dieron los cuerpos de tus siervos por comida a la aves de los cielos, la carne de tus santos a las bestias de la tierra.

3 Derramaron su sangre como agua en los alrededores de Jerusalén, y no hubo quien los enterrase.

4 Somos afrentados de nuestros vecinos, escarnecidos y burlados de los que están en nuestros alrededores.

5 ¿Hasta cuándo, oh Jehová? ¿Estarás airado para

siempre? ¿Arderá como fuego tu celo?

6 Derrama tu ira sobre las naciones que no te conocen, y sobre los reinos que no invocan tu nombre.

7 Porque han consumido a Jacob, y su morada han asolado.

8 No recuerdes contra nosotros las iniquidades de nuestros antepasados; vengan pronto tus misericordias a encontrarnos, porque estamos muy abatidos.

9 Ayúdanos, oh Dios de nuestra salvación, por la gloria de tu nombre; y líbranos, y perdona nuestros pecados por amor de tu nombre.

10 Porque dirán las gentes: ¿Dónde está su Dios? Sea notoria en las gentes, delante de nuestros ojos, la venganza de la sangre de tus siervos que fue derramada.

11 Llegue delante de ti el gemido de los presos; conforme a la grandeza de tu brazo preserva a los sentenciados a muerte,

12 y devuelve a nuestros vecinos en su seno siete tantos de su infamia, con que te han deshonrado, oh Jehová.

13 Y nosotros, pueblo tuyo, y ovejas de tu prado, te alabaremos para siempre; de generación en generación cantaremos tus alabanzas.

Salmo 80

Al músico principal; sobre Lirios. Testimonio. Salmo de Asaf.

Oh Pastor de Israel, escucha; tú que pastoreas como a ovejas a José, que estás entre querubines, resplandece.

2 Despierta tu poder delante de Efraín, de Benjamín y de Manasés, y ven a salvarnos.

3 Oh Dios, restáuranos; haz resplandecer tu rostro, y seremos salvos.

4 Jehová, Dios de los ejércitos, ¿hasta cuándo mostrarás tu indignación contra la oración de tu pueblo?

5 Les diste a comer pan de lágrimas, y a beber lágrimas en gran abundancia.

6 Nos pusiste por escarnio a nuestros vecinos, y nuestros enemigos se burlan entre sí.

7 Oh Dios de los ejércitos, restáuranos; haz resplandecer tu rostro, y seremos salvos.

8 Hiciste venir una vid de Egipto; echaste las naciones, y la plantaste.

9 Limpiaste sitio delante de ella, e hiciste arraigar sus raíces, y llenó la tierra.

10 Los montes fueron cubiertos de su sombra, y con sus sarmientos los cedros de Dios.

11 Extendió sus vástagos hasta el mar, y hasta el río sus renuevos.

12 ¿Por qué aportillaste sus vallados, y la vendimian todos los que pasan por el camino?

13 La destroza el puerco montés, y la bestia del campo la devora.

14 Oh Dios de los ejércitos, vuelve ahora; mira desde el cielo, y considera, y visita esta viña,

15 la planta que plantó tu diestra, y el renuevo que para ti afirmaste.

16 Quemada a fuego está, asolada; perezcan por la reprensión de tu rostro.

17 Sea tu mano sobre el varón de tu diestra, sobre el hijo de hombre que para ti afirmaste.

18 Así no nos apartaremos de ti; vida nos darás, e invocaremos tu nombre.

19 ¡Oh Jehová, Dios de los ejércitos, restáuranos! Haz resplandecer tu rostro, y seremos salvos.

Salmo 81

Al músico principal; sobre Gitit. Salmo de Asaf.

Cantad con gozo a Dios, fortaleza nuestra; al Dios de Jacob aclamad con júbilo.

2 Entonad canción, y tañed el pandero, el arpa deliciosa y el salterio.

3 Tocad la trompeta en la nueva luna, en el día señalado, en el día de nuestra fiesta solemne.

4 Porque estatuto es de Israel, ordenanza del Dios de Jacob.

5 Lo constituyó como testimonio en José cuando salió por la tierra de Egipto. Oí lenguaje que no entendía;

6 aparté su hombro de debajo de la carga; sus manos fueron descargadas de los cestos.

7 En la calamidad clamaste, y yo te libré; te respondí en lo secreto del trueno; te probé junto a las aguas de meriba. Selah.

8 Oye, pueblo mío, y te

amonestaré. Israel, si me oyeres,

9 no habrá en ti dios ajeno, ni te inclinarás a dios extraño.

10 Yo soy Jehová tu Dios, que te hice subir de la tierra de Egipto; abre tu boca, y yo la llenaré.

11 Pero mi pueblo no oyó mi voz, e Israel no me quiso a mí.

12 Los dejé, por tanto, a la dureza de su corazón; caminaron en sus propios consejos.

13 ¡Oh, si me hubiera oído mi pueblo, si en mis caminos hubiera andado Israel!

14 En un momento habría yo derribado a sus enemigos, y vuelto mi mano contra sus adversarios.

15 Los que aborrecen a Jehová se le habrían sometido, y el tiempo de ellos sería para siempre.

16 Les sustentaría Dios con lo mejor del trigo, y con miel de la peña les saciaría.

Salmo 82

Salmo de Asaf.

Dios está en la reunión de los dioses; en medio de los dioses juzga.

2 ¿Hasta cuándo juzgaréis injustamente, y aceptaréis las personas de los impíos? Selah.

3 Defended al débil y al huérfano; haced justicia al afligido y al menesteroso.

4 Librad al afligido y al necesitado; libradlo de mano de los impíos.

5 No saben, no entienden, andan en tinieblas; tiemblan todos los cimientos de la tierra.

6 Yo dije: Vosotros sois dioses, y todos vosotros hijos del Altísimo;

7 pero como hombres moriréis, y como cualquiera de los príncipes caeréis.

8 Levántate, oh Dios, juzga la tierra; porque tú heredarás todas las naciones.

Salmo 83

Cántico. Salmo de Asaf.

Oh Dios, no guardes silencio; no calles, oh Dios, ni te estés quieto.

2 Porque he aquí no rugen tus enemigos, y los que te aborrecen alzan cabeza.

3 Contra tu pueblo han consultado astuta y secretamente, y han entrado en consejo contra tus protegidos.

4 Han dicho: Venid, y destruyámolos para que no sean nación, y no haya más memoria del nombre de Israel.

5 Porque se confabulan de corazón a una, contra ti han hecho alianza

6 las tiendas de los edomitas y de los ismaelitas, Moab y los agarenos;

7 Gebal, Amón y Amalec, los filisteos y los habitantes de Tiro.

8 También el asirio se ha juntado con ellos; sirven de brazo a los hijos de Lot. Selah.

9 Hazles como a Madián, como a Sisara, como a Jabín en el arroyo de Cisón;

10 que perecieron en Endor, fueron hechos como estiércol para la tierra.

11 Pon a sus capitanes como a Oreb y a Zeeb; como a Zeba y a Zalmuna a todos sus príncipes,

12 que han dicho: Heredemos para nosotros las moradas de Dios.

13 Dios mío, ponlos como torbellinos, como hojarascas delante del viento,

14 como fuego que quema el monte, como llama que abrasa el bosque.

15 Persíguelos así con tu tempestad, y atérralos con tu torbellino.

16 Llena sus rostros de vergüenza, y busquen tu nombre, oh Jehová.

17 Sean afrentados y turbados para siempre; sean deshonrados, y perezcan.

18 Y conozcan que tu nombre es Jehová; tú solo Altísimo sobre toda la tierra.

Salmo 84

Al músico principal; sobre Gitit. Salmo para los hijos de Coré.

¡Cuán amables son tus moradas, oh Jehová de los ejércitos!

2 Anhela mi alma y aun ardientemente desea los atrios de Jehová;; mi corazón y mi carne cantan al Dios vivo.

3 Aún el gorrión halla casa, y la golondrina nido para sí, donde ponga sus polluelos, cerca de tus altares, oh Jehová de los ejércitos, Rey mío, y Dios mío.

4 Bienaventurados los que habitan en tu casa; perpetuamente te alabarán. Selah.

5 Bienaventurado el hombre que tiene en ti sus fuerzas, en cuyo corazón están tus caminos.

6 Atravesando el valle de lágrimas lo cambian en fuente, cuando la lluvia llena los estanques.

7 Irán de poder en poder; verán a Dios en Sión.

8 Jehová Dios de los ejércitos, oye mi oración; escucha, oh Dios de Jacob. Selah.

9 Mira, oh Dios, escudo nuestro, y pon los ojos en el rostro de tu ungido.

10 Porque mejor es un día en tus atrios que mil fuera de ellos. Escogería antes estar a la puerta de la casa de mi Dios, que habitar en las moradas de maldad.

11 Porque sol y escudo es Jehová Dios; gracia y gloria dará Jehová. No quitará el bien a los que andan en integridad.

12 Jehová de los ejércitos, dichoso el hombre que en ti confía.

Salmo 85

Al músico principal. Salmo para los hijos de Coré.

Fuiste propicio a tu tierra, oh Jehová; volviste la cautividad de Jacob.

2 Perdonaste la iniquidad de tu pueblo; todos los pecados de ellos cubriste. Selah.

3 Reprimiste todo su enojo; te apartaste del ardor de tu ira.

4 Restáuranos, oh Dios de nuestra salvación, y haz cesar tu ira de sobre nosotros.

5 ¿Estarás enojado contra nosotros para siempre? ¿Extenderás tu ira de generación en generación?

6 ¿No volverás a darnos vida, para que tu pueblo se regocije en ti?

7 Muéstranos, oh Jehová, tu misericordia, y danos tu salvación.

8 Escucharé lo que hablará Jehová Dios; porque hablará paz a su pueblo y a sus santos, para que no se vuelvan a la locura.

9 Ciertamente cercana está su salvación a los que le temen, para que habite la gloria en nuestra tierra.

10 La misericordia y la verdad se encontraron; la justicia y la paz se besaron.

11 La verdad brotará de la tierra, y la justicia mirará desde los cielos.

12 Jehová dará también el bien, y nuestra tierra dará su fruto.

13 La justicia irá delante de él, y sus pasos nos pondrá por camino.

Salmo 86

Oración de David.

Inclina, oh Jehová, tu oído, y escúchame, porque estoy afligido y menesteroso.

2 Guarda mi alma, porque soy piadoso; salva tú, oh Dios mío, a tu siervo que en ti confía.

3 Ten misericordia de mí, oh Jehová; porque a ti clamo todo el día.

4 Alegra el alma de tu siervo, porque a ti, oh Señor, levanto mi alma.

5 Porque tú, Señor, eres bueno y perdonador, y grande en misericordia para con todos los que te invocan.

6 Escucha, oh Jehová, mi oración, y está atento a la voz de mis ruegos.

7 En el día de mi angustia te llamaré, porque tú me respondes.

8 Oh Señor, ninguno hay como tú entre los dioses, ni obras que igualen tus obras.

9 Todas las naciones que hiciste vendrán y adorarán delante de ti, Señor, y glorificarán tu nombre.

10 Porque tú eres grande, y hacedor de maravillas; sólo tú eres Dios.

11 Enséñame, oh Jehová, tu camino; caminaré yo en tu verdad; afirma mi corazón para que tema tu nombre.

12 Te alabaré, oh Jehová Dios mío, con todo mi corazón, y glorificaré tu nombre para siempre.

13 Porque tu misericordia es grande para conmigo, y has librado mi alma de las profundidades del Seol.

14 Oh Dios, los soberbios se levantaron contra mí, y conspiración de violentos ha buscado mi vida, y no te pusieron delante de sí.

15 Mas tú, Señor, Dios misericordioso y clemente, lento para la ira, y grande en misericordia y verdad,

16 mírame, y ten misericordia de mí; da tu poder a tu siervo, y guarda al hijo de tu sierva.

17 Haz conmigo señal para bien, y véanla los que me aborrecen, y sean avergonzados; porque tú, Jehová, me ayudaste y me consolaste.

Salmo 87

A los hijos de Coré. Salmo. Cántico.

Su cimiento está en el monte santo.

2 Ama Jehová las puertas de Sión más que todas las moradas de Jacob.

3 Cosas gloriosas se han dicho de ti, ciudad de Dios. Selah.

4 Yo me acordaré de Rahab y de Babilonia entre los que me reconocen; he aquí Filistea y Tiro, con Etiopía; éste nació allá.

5 Y de Sión se dirá: Este y aquél han nacido en ella, y el Altísimo mismo la establecerá.

6 Jehová contará al inscribir a los pueblos; Este nació allí. Selah.

7 Y cantores y tañedores en ella dirán: todas mis fuentes están en ti.

Salmo 88

Cántico. Salmo para los hijos de Coré. Al músico principal, para cantar sobre Mahalat. Masquil de Hemán ezraíta.

Oh Jehová, Dios de mi salvación, día y noche clamo delante de ti.

2 Llegue mi oración a tu presencia; inclina tu oído a mi clamor.

3 Porque mi alma está hastiada de males, y mi vida cercana al Seol.

4 Soy contado entre los que descienden al sepulcro; soy como hombre sin fuerza,

5 abandonado entre los muertos, como los pasados a espada que yacen en el sepulcro, de quienes no te acuerdas ya, y que fueron arrebatados de tu mano.

6 Me has puesto en el hoyo profundo, en tinieblas, en lugares profundos.

7 Sobre mí reposa tu ira, y me has afligido con todas tus ondas. Selah.

8 Has alejado de mí mis conocidos; me has puesto por abominación a ellos; encerrado estoy y no puedo salir.

9 Mis ojos enfermaron

a causa de mi aflicción; te he llamado, oh Jehová, cada día; he extendido a ti mis manos.

10 ¿Manifestarás tus maravillas a los muertos? ¿Se levantarán los muertos para alabarte? Selah.

11 ¿Será contada en el sepulcro tu misericordia, o tu verdad en el Abadón?

12 ¿Serán reconocidas en las tinieblas tus maravillas, y tu justicia en la tierra del olvido?

13 Mas yo a ti he clamado, oh Jehová, y de mañana mi oración se presentará delante de ti.

14 ¿Por qué, oh Jehová, desechas mi alma? ¿Por qué escondes de mí tu rostro?

15 Yo estoy afligido y menesteroso; desde la juventud he llevado tus terrores, he estado medroso.

16 Sobre mí han pasado tus iras, y me oprimen tus terrores.

17 Me han rodeado como aguas continuamente; a una me han cercado.

18 Has alejado de mí al amigo y al compañero, y a mis conocidos has puesto en tinieblas.

Salmo 89

Masquil de Etán ezraíta.

Las misericordias de Jehová cantaré perpetuamente; de generación en generación haré notoria tu fidelidad con mi boca.

2 Porque dije: para siempre será edificada misericordia; en los cielos mismos afirmarás tu verdad.

3 Hice pacto con mi escogido; juré a David mi siervo, diciendo:

4 Para siempre confirmaré tu descendencia, y edificaré tu trono por todas las generaciones. Selah.

5 Celebrarán los cielos tus maravillas, oh Jehová, tu verdad también en la congregación de los santos.

6 Porque, ¿quién en los cielos se igualará a Jehová? ¿Quién será semejante a Jehová entre los hijos de los potentados?

7 Dios temible en la gran congregación de los santos, y formidable sobre todos cuantos están alrededor de él.

8 Oh Jehová, Dios de los ejércitos, ¿quién como tú? Poderoso eres, Jehová, y tu fidelidad te rodea.

9 Tú tienes dominio sobre la braveza del mar; cuando se levantan sus ondas, tú las sosiegas.

10 Tú quebrantaste a Rahab como a herido de muerte; con tu brazo poderoso esparciste a tus enemigos.

11 Tuyos son los cielos, tuya también la tierra; el mundo y su plenitud, tú los fundaste.

12 El norte y el sur, tú los creaste; el Tabor y el Hermón cantarán en tu nombre.

13 Tuyo es el brazo potente; fuerte es tu mano, exaltada tu diestra.

14 Justicia y juicio son el cimiento de tu trono; misericordia y verdad van delante de tu rostro.

15 Bienaventurado el pueblo que sabe aclamarte; andará, oh Jehová, a la luz de tu rostro.

16 En tu nombre se alegrará todo el día, y en tu justicia será enaltecido.

17 Porque tú eres la gloria de su potencia, y por tu buena voluntad acrecentarás nuestro poder.

18 Porque Jehová es nuestro escudo, y nuestro rey es el Santo de Israel.

19 Entonces hablaste en visión a tu santo, y dijiste: he puesto el socorro sobre uno que es poderoso; he exaltado a un escogido de mi pueblo.

20 Hallé a David mi siervo; lo ungí con mi santa unción.

21 Mi mano estará siempre con él; mi brazo también lo fortalecerá.

22 No lo sorprenderá el enemigo, ni hijo de iniquidad lo quebrantará;

23 sino que quebrantaré delante de él a sus enemigos, y heriré a los que le aborrecen.

24 Mi verdad y mi misericordia estarán con él, y en mi nombre será exaltado su poder.

25 Asimismo pondré su mano sobre el mar, y sobre los ríos su diestra.

26 El me clamará: Mi padre eres tú, mi Dios, y la roca de mi salvación.

27 Yo también le pondré por primogénito, el más excelso de los reyes de la tierra.

28 Para siempre le conservaré mi misericordia, y mi pacto será firme con él.

29 Pondré su descendencia para siempre, y su

trono como los días de los cielos.

30 Si dejaren sus hijos mi ley, y no anduvieren en mis juicios,

31 si profanaren mis estatutos, y no guardaren mis mandamientos,

32 entonces castigaré con vara su rebelión, y con azotes sus iniquidades.

33 Mas no quitaré de él mi misericordia, ni falsearé mi verdad.

34 No olvidaré mi pacto, ni mudaré lo que ha salido de mis labios.

35 Una vez he jurado por mi santidad, y no mentiré a David.

36 Su descendencia será para siempre, y su trono como el sol delante de mí.

37 Como la luna será firme para siempre, y como un testigo fiel en el cielo. Selah.

38 Mas tú desechaste y menospreciaste a tu ungido, y te has airado con él.

39 Rompiste el pacto de tu siervo; has profanado su corona hasta la tierra.

40 Aportillaste todos sus vallados: has destruido sus fortalezas.

41 Lo saquean todos los que pasan por el camino; es oprobio a sus vecinos.

42 Has exaltado la diestra de sus enemigos; has alegrado a todos sus adversarios.

43 Embotaste asimismo el filo de su espada, y no lo levantaste en la batalla.

44 Hiciste cesar su gloria, y echaste su trono por tierra.

45 Has acortado los días de su juventud; le has cubierto de afrenta. Selah.

46 ¿Hasta cuándo, oh Jehová? ¿Te esconderás para siempre? ¿Arderá tu ira como el fuego?

47 Recuerda cuán breve es mi tiempo; ¿por qué habrás creado en vano a todo hijo de hombre?

48 ¿Qué hombre vivirá y no verá muerte? ¿Librará su vida del poder del Seol? Selah.

49 Señor, ¿dónde están tus antiguas misericordias, que juraste a David por tu verdad?

50 Señor, acuérdate del oprobio de tus siervos; oprobio de muchos pueblos, que llevo en mi seno.

51 Porque tus enemigos, oh Jehová, han deshonrado, porque tus enemigos han deshonrado los pasos de tu ungido.

52 Bendito sea Jehová para siempre. Amén, y Amén.

Libro IV

Salmo 90

Oración de Moisés, varón de Dios.

Señor, tú nos has sido refugio de generación en generación.

2 Antes que naciesen los montes y formases la tierra y el mundo, desde el siglo y hasta el siglo, tú eres Dios.

3 Vuelves al hombre hasta ser quebrantado, y dices: Convertíos, hijos de los hombres.

4 Porque mil años delante de tus ojos son como el día de ayer, que pasó, y como una de las vigilias de la noche.

5 Los arrebatas como un torrente de aguas; son como sueño, como la hierba que crece en la mañana.

6 En la mañana florece y crece; a la tarde es cortada, y se seca.

7 Porque con tu furor somos consumidos, y con tu ira somos turbados.

8 Pusiste nuestras maldades delante de ti, nuestros yerros a la luz de tu rostro.

9 Porque todos nuestros días declinan a causa de tu ira; acabamos nuestros años como un pensamiento.

10 Los días de nuestra edad son setenta años; y si en los más robustos son ochenta años, con todo, su fortaleza es molestia y trabajo, porque pronto pasan, y volamos.

11 ¿Quién conoce el poder de tu ira, y tu indignación según que debes ser temido?

12 Enséñanos de tal modo a contar nuestros días, que traigamos al corazón sabiduría.

13 Vuélvete, oh Jehová; ¿hasta cuándo? Y aplácate para con tu siervos.

14 De mañana sácianos de tu misericordia, y cantaremos y nos alegraremos todos nuestros días.

15 Alégranos conforme a los días que nos afligiste, y los años en que vimos el mal.

16 Aparezca en tus siervos tu obra, y tu gloria sobre sus hijos.

17 Sea la luz de Jehová nuestro Dios sobre nosotros, y la obra de nuestras manos confirma sobre nosotros; sí, la obra de nuestras manos confirma.

Salmo 91

El que habita al abrigo del Altísimo morará bajo la sombra del Omnipotente.

2 Diré yo a Jehová: esperanza mía, y castillo mío; mi Dios, en quien confiaré.

3 El te librará del lazo del cazador, de la peste destructora.

4 Con sus plumas te cubrirá, y debajo de sus alas estarás seguro; escudo y adarga es su verdad.

5 No temerás el terror nocturno, ni saeta que vuele de día,

6 ni pestilencia que ande en oscuridad, ni mortandad que en medio del día destruya.

7 Caerán a tu lado mil, y diez mil a tu diestra; mas a ti no llegará.

8 Ciertamente con tus ojos mirarás y verás la recompensa de los impíos.

9 Porque has puesto a Jehová, que es mi esperanza, al Altísimo por tu habitación,

10 no te sobrevendrá mal, ni plaga tocará tu morada.

11 Pues a sus ángeles mandará acerca de ti, que te guarden en todos tus caminos.

12 En las manos te llevarán, para que tu pie no tropiece en piedra.

13 Sobre el león y el áspid pisarás; hollarás al cachorro del león y al dragón.

14 Por cuanto en mí ha puesto su amor, yo también lo libraré; le pondré en alto, por cuanto ha conocido mi nombre.

15 Me invocará, y yo le responderé; con él estaré yo en la angustia; lo libraré y le glorificaré.

16 Lo saciaré de larga vida, y le mostraré mi salvación.

Salmo 92

Salmo. Cántico para el día de reposo.

Bueno es alabarte, oh Jehová, y cantar salmos a tu nombre, oh Altísimo;

2 anunciar por la mañana tu misericordia, y tu fidelidad cada noche,

3 en el decacordio y en el salterio, en tono suave con el arpa.

4 Por cuanto me has alegrado, oh Jehová, con tus obras; en las obras de tus manos me gozo.

5 ¡Cuán grandes son tus obras, oh Jehová!, muy profundos son tus pensamientos.

6 El hombre necio no sabe, y el insensato no entiende esto.

7 Cuando brotan los impíos como la hierba, y florecen todos los que hacen iniquidad, es para ser destruidos eternamente.

8 Mas tú, Jehová, para siempre eres Altísimo.

9 Porque he aquí tus enemigos, oh Jehová, porque he aquí, perecerán tus enemigos; serán esparcidos todos los que hacen maldad.

10 Pero tú aumentarás mis fuerzas como las del búfalo; seré ungido con aceite fresco.

11 Y mirarán mis ojos sobre mis enemigos; oirán mis oídos de los que se levantaron contra mí, de los malignos.

12 El justo florecerá como la palmera; crecerá como cedro en el Líbano.

13 Plantados en la casa de Jehová, en los atrios de nuestro Dios florecerán.

14 Aun en la vejez fructificarán; estarán vigorosos y verdes,

15 para anunciar que Jehová mi fortaleza es recto, y que en él no hay injusticia.

Salmo 93

Jehová reina; se vistió de magnificencia; Jehová se vistió, se ciñó de poder. Afirmó también el mundo, y no se moverá.

2 Firme es tu trono desde entonces; tú eres eternamente.

3 Alzaron los ríos, oh Jehová, los ríos alzaron su sonido; alzaron los ríos sus ondas.

4 Jehová en las alturas es más poderoso que el estruendo de las muchas aguas, más que las recias ondas del mar.

5 Tus testimonios son muy firmes; la santidad conviene a tu casa, oh Jehová, por los siglos y para siempre.

Salmo 94

Jehová, Dios de las venganzas, Dios de

las venganzas, muéstrate.

2 Engrandécete, oh Juez de la tierra; da el pago a los soberbios.

3 ¿Hasta cuándo los impíos, hasta cuándo, oh Jehová, se gozarán los impíos?

4 ¿Hasta cuándo pronunciarán, hablarán cosas duras, y se vanagloriarán todos los que hacen iniquidad?

5 A tu pueblo, oh Jehová, quebrantan, y a tu heredad afligen.

6 A la viuda y al extranjero matan, y a los huérfanos quitan la vida.

7 Y dijeron: No verá JAH, ni entenderá el Dios de Jacob.

8 Entended, necios del pueblo; y vosotros, fatuos, ¿cuándo seréis sabios?

9 El que hizo el oído, ¿no oirá?, el que formó el ojo, ¿no verá?

10 El que castiga a las naciones, ¿no reprenderá? ¿No sabrá el que enseña al hombre la ciencia?

11 Jehová conoce los pensamientos de los hombres, que son vanidad.

12 Bienaventurado el hombre a quien tú, JAH, corriges, y en tu ley lo instruyes,

13 para hacerle descansar en los días de aflicción, en tanto que para el impío se cava el hoyo.

14 Porque no abandonará Jehová a su pueblo, ni desamparará su heredad,

15 sino que el juicio será vuelto a la justicia, y en pos de ella irán todos los rectos de corazón.

16 ¿Quién se levantará por mí contra los malignos? ¿Quién estará por mí contra los que hacen iniquidad?

17 Si no me ayudara Jehová, pronto moraría mi alma en el silencio.

18 Cuando yo decía: Mi pie resbala, tu misericordia, oh Jehová, me sustentaba.

19 En la multitud de mis pensamientos dentro de mí, tus consolaciones alegraban mi alma.

20 ¿Se juntará contigo el trono de iniquidades que hace agravio bajo forma de ley?

21 Se juntan contra la vida del justo, y condenan la sangre inocente.

22 Mas Jehová me ha sido por refugio, y mi Dios por roca de mi confianza.

23 Y él hará volver sobre ellos su iniquidad, y los destruirá en su propia maldad; los destruirá Jehová nuestro Dios.

Salmo 95

Venid, aclamemos alegremente a Jehová; cantemos con júbilo a la roca de nuestra salvación.

2 Lleguemos ante su presencia con alabanza; aclamémosle con cánticos.

3 Porque Jehová es Dios grande, y Rey grande sobre todos los dioses.

4 Porque en su mano están las profundidades de la tierra, y las alturas de los montes son suyas.

5 Suyo también el mar, pues él lo hizo; y sus manos formaron la tierra seca.

6 Venid, adoremos y postrémonos; arrodillémonos delante de Jehová nuestro Hacedor.

7 Porque él es nuestro Dios; nosotros el pueblo de su prado, y ovejas de su mano. Si oyéreis hoy su voz,

8 no endurezcáis vuestro corazón, como en Meriba, como en el día de Masah en el desierto,

9 donde me tentaron vuestros padres, me probaron, y vieron mis obras.

10 Cuarenta años estuve disgustado con la nación, y dije: Pueblo es que divaga de corazón, y no han conocido mis caminos.

11 Por tanto, juré en mi furor que no entrarían en mi reposo.

Salmo 96

Cantad a Jehová cántico nuevo; cantad a Jehová, toda la tierra.

2 Cantad a Jehová, bendecid su nombre; anunciad de día en día su salvación.

3 Proclamad entre las naciones su gloria, en todos los pueblos sus maravillas.

4 Porque grande es Jehová, y digno de suprema alabanza; temible sobre todos los dioses.

5 Porque todos los dioses de los pueblos son ídolos; pero Jehová hizo los cielos.

6 Alabanza y magnificencia delante de él; poder y gloria en su santuario.

7 Tributad a Jehová, oh

familias de los pueblos, dad a Jehová la gloria y el poder.

8 Dad a Jehová la honra debida a su nombre; traed ofrendas, y venid a sus atrios.

9 Adorad a Jehová en la hermosura de la santidad; temed delante de él, toda la tierra.

10 Decid entre las naciones: Jehová reina. También afirmó el mundo, no será conmovido; juzgará a los pueblos en justicia.

11 Alégrense los cielos, y gócese la Tierra; brame el mar y su plenitud.

12 Regocíjese el campo, y todo lo que en él está; entonces todos los árboles del bosque rebosarán de contento,

13 delante de Jehová que vino; porque vino a juzgar la tierra. Juzgará al mundo con justicia, y a los pueblos con su verdad.

Salmo 97

Jehová reina; regocíjese la tierra, alégrense las muchas costas.

2 Nubes y oscuridad alrededor de él; justicia y juicio son el cimiento de su trono.

3 Fuego irá delante de él, y abrasará a sus enemigos alrededor.

4 Sus relámpagos alumbraron el mundo; la tierra vio y se estremeció.

5 Los montes se derritieron como cera delante de Jehová, delante del Señor de toda la tierra.

6 Los cielos anunciaron su justicia, y todos los pueblos vieron su gloria.

7 Avergüéncense todos los que sirven a las imágenes de talla, los que se glorian en los ídolos. Póstrense a él todos los dioses.

8 Oyó Sión, y se alegró; y las hijas de Judá, oh Jehová, se gozaron por tus juicios.

9 Porque tú, Jehová, eres excelso sobre toda la tierra; eres muy exaltado sobre todos los dioses.

10 Los que amáis a Jehová, aborreced el mal; él guarda las almas de sus santos; de la mano de los impíos los libra.

11 Luz está sembrada para el justo, y alegría para los rectos de corazón.

12 Alegraos, justos, en Jehová, y alabad la memoria de su santidad.

Salmo 98

Salmo.

Cantad a Jehová cántico nuevo, porque ha hecho maravillas; su diestra lo ha salvado, y su santo brazo.

2 Jehová ha hecho notoria su salvación; a vista de las naciones ha descubierto su justicia.

3 Se ha acordado de su misericordia y de su verdad para con la casa de Israel; todos los términos de la tierra han visto la salvación de nuestro Dios.

4 Cantad alegres a Jehová, toda la tierra; levantad la voz, y aplaudid, y cantad salmos.

5 Cantad salmos a Jehová con arpa; con arpa y voz de cántico.

6 Aclamad con trompetas y sonidos de bocina, delante del rey Jehová.

7 Brame el mar y su plenitud, el mundo y los que en él habitan;

8 los ríos batan las manos, los montes todos hagan regocijo

9 delante de Jehová, porque vino a juzgar la tierra. Juzgará al mundo con justicia, y a los pueblos con rectitud.

Salmo 99

Jehová reina; temblarán los pueblos. El está sentado sobre los querubines, se conmoverá la tierra.

2 Jehová en Sión es grande, y exaltado sobre todos los pueblos.

3 Alaben tu nombre grande y temible; él es santo.

4 Y la gloria del rey ama el juicio; tú confirmas la rectitud; tú has hecho en Jacob juicio y justicia.

5 Exaltad a Jehová nuestro Dios, y postraos ante el estrado de sus pies; él es santo.

6 Moisés y Aarón entre sus sacerdotes, y Samuel entre los que invocaron su nombre; invocaban a Jehová, y él les respondía.

7 En columna de nube hablaba con ellos; guardaban sus testimonios, y el estatuto que les había dado.

8 Jehová Dios nuestro, tú les respondías; les fuiste un Dios perdonador, y retribuidor de sus obras.

9 Exaltad a Jehová nuestro Dios, y postraos ante su santo monte, porque Jehová nuestro Dios es santo.

Salmo 100

Salmo de alabanza.

Cantad alegres a Dios, habitantes de toda la tierra.

2 Servid a Jehová con alegría; venid ante su presencia con regocijo.

3 Reconoced que Jehová es Dios; él nos hizo, y no nosotros a nosotros mismos; pueblo suyo somos, y ovejas de su prado.

4 Entrad por sus puertas con acción de gracias, por sus atrios con alabanza; alabadle, bendecid su nombre.

5 Porque Jehová es bueno; para siempre es su misericordia, y su verdad por todas las generaciones.

Salmo 101

Salmo de David

Misericordia y juicio cantaré; a ti cantaré yo, oh Jehová.

2 Entenderé el camino de la perfección cuando vengas a mí. En la integridad de mi corazón andaré en medio de mi casa.

3 No pondré delante de mis ojos cosa injusta. Aborrezco la obra de los que se desvían; ninguno de ellos se acercará a mí.

4 Corazón perverso se apartará de mí; no conoceré al malvado.

5 Al que solapadamente infama a su prójimo, yo lo destruiré; no sufriré al de ojos altaneros y de corazón vanidoso.

6 Mis ojos pondré en los fieles de la tierra, para que estén conmigo; el que ande en el camino de la perfección, éste me servirá.

7 No habitará dentro de mi casa el que hace fraude; el que habla mentiras no se afirmará delante de mis ojos.

8 De mañana destruiré a todos los impíos de la tierra, para exterminar de la ciudad de Jehová a todos los que hagan iniquidad.

Salmo 102

Oración del que sufre, cuando está angustiado, y delante de Jehová derrama su lamento.

Jehová, escucha mi oración, y llegue a ti mi clamor.

2 No escondas de mí tu

rostro en el día de mi angustia; inclina a mí tu oído; apresúrate a responderme el día que te invocare.

3 Porque mis días se han consumido como humo, y mis huesos cual tizón están quemados.

4 Mi corazón está herido, y seco como la hierba, por lo cual me olvido de comer mi pan.

5 Por la voz de mi gemido mis huesos se han pegado a mi carne.

6 Soy semejante al pelícano del desierto; soy como el búho de las soledades;

7 velo, y soy como el pájaro solitario sobre el tejado.

8 Cada día me afrentan mis enemigos; los que contra mí se enfurecen, se han conjurado contra mí.

9 Por lo cual yo como ceniza a manera de pan, y mi bebida mezclo con lágrimas,

10 a causa de tu enojo y de tu ira; pues me alzaste, y me has arrojado.

11 Mis días son como sombra que se va, y me he secado como la hierba.

12 Mas tú, Jehová, permanecerás para siempre, y tu memoria de generación en generación.

13 Te levantarás y tendrás misericordia de Sión, porque es tiempo de tener misericordia de ella, porque el plazo ha llegado.

14 Porque tus siervos aman sus piedras, y del polvo de ella tienen compasión.

15 Entonces las naciones temerán el nombre de Jehová, y todos los reyes de la tierra tu gloria;

16 por cuanto Jehová habrá edificado a Sión, y en su gloria será visto;

17 habrá considerado la oración de los desvalidos, y no habrá desechado el ruego de ellos.

18 Se escribirá esto para la generación venidera; y el pueblo que está por nacer alabará a JAH,

19 porque miró desde lo alto de su santuario; Jehová miró desde los cielos a la tierra,

20 para oír el gemido de los presos, para soltar a los sentenciados a muerte;

21 para que publique en Sión el nombre de Jehová, y su alabanza en Jerusalén,

22 cuando los pueblos y los reinos se congreguen en uno para servir a Jehová.

23 El debilitó mi fuerza en el camino; acortó mis días.

24 Dije: Dios mío, no me cortes en la mitad de mis días; por generación de generaciones son tus años.

25 Desde el principio tú fundaste la tierra, y los cielos son obra de tus manos.

26 Ellos perecerán, mas tú permanecerás; y todos ellos como una vestidura se envejecerán; como un vestido los mudarás, y serán mudados;

27 pero tú eres el mismo, y tus años no se acabarán.

28 Los hijos de tus siervos habitarán seguros, y su descendencia será establecida delante de ti.

Salmo 103

Salmo de David.

Bendice, alma mía, a Jehová, y bendiga todo mi ser su santo nombre.

2 Bendice, alma mía, a Jehová, y no olvides ninguno de sus beneficios.

3 El es quien perdona todas tus iniquidades, el que sana todas tus dolencias;

4 el que rescata del hoyo tu vida, el que te corona de favores y misericordias;

5 el que sacia de bien tu boca de modo que te rejuvenezcas como el águila.

6 Jehová es el que hace justicia y derecho a todos los que padecen violencia.

7 Sus caminos notificó a Moisés, y a los hijos de Israel sus obras.

8 Misericordioso y clemente es Jehová; lento para la ira, y grande en misericordia.

9 No contenderá para siempre, ni para siempre guardará el enojo.

10 No ha hecho con nosotros conforme a nuestras iniquidades, ni nos ha pagado conforme a nuestros pecados.

11 Porque como la altura de los cielos sobre la tierra, engrandeció su misericordia sobre los que le temen.

12 Cuanto está lejos el Oriente del Occidente, hizo alejar de nosotros nuestras rebeliones.

13 Como el padre se

compadece de los hijos, se compadece Jehová de los que le temen.

14 Porque él conoce nuestra condición; se acuerda de que somos polvo.

15 El hombre, como la hierba son sus días; florece como la flor del campo,

16 que pasó el viento por ella, y pereció, y su lugar no la conocerá más.

17 Mas la misericordia de Jehová es desde la eternidad y hasta la eternidad sobre los que le temen, y su justicia sobre los hijos de los hijos;

18 sobre los que guardan su pacto, y los que se acuerdan de sus mandamientos para ponerlos por obra.

19 Jehová estableció en los cielos su trono, y su reino domina sobre todos.

20 Bendecid a Jehová, vosotros sus ángeles, poderosos en fortaleza, que ejecutáis su palabra, obedeciendo a la voz de su precepto.

21 Bendecid a Jehová, vosotros todos sus ejércitos, ministros suyos, que hacéis su voluntad.

22 Bendecid a Jehová, vosotras todas sus obras, en todos los lugares de su señorío. Bendice, alma mía, a Jehová.

Salmo 104

Bendice, alma mía, a Jehová, Jehová, Dios mío, mucho te has engrandecido; te has vestido de gloria y de magnificencia.

2 El que se cubre de luz como de vestidura, que extiende los cielos como una cortina,

3 que establece sus aposentos entre las aguas, el que pone las nubes por su carroza, el que anda sobre las alas del viento;

4 el que hace a los vientos sus mensajeros, y a las flamas de fuego sus ministros.

5 El fundó la tierra sobre sus cimientos; no será jamás removida.

6 Con el abismo, como con vestido, la cubriste; sobre los montes estaban las aguas.

7 A tu reprensión huyeron; al sonido de tu trueno se apresuraron;

8 subieron los montes, descendieron los valles, al lugar que tú les fundaste.

9 Les pusiste término, el cual no traspasarán, ni volverán a cubrir la tierra.

10 Tú eres el que envía las fuentes por los arroyos; van entre los montes;

11 dan de beber a todas las bestias del campo; mitigan su sed los asnos monteses.

12 A sus orillas habitan las aves de los cielos; cantan entre las ramas.

13 El riega los montes desde sus aposentos; del fruto de sus obras se sacia la tierra.

14 El hace producir el heno para las bestias, y la hierba para el servicio del hombre, sacando el pan de la tierra,

15 y el vino que alegra el corazón del hombre, el aceite que hace brillar el rostro, y el pan que sustenta la vida del hombre.

16 Se llenan de savia los árboles de Jehová, los cedros del Líbano que él plantó.

17 Allí anidan las aves; en las hayas hace su casa la cigüeña.

18 Los montes altos para las cabras monteses; las peñas, madrigueras para los conejos.

19 Hizo la luna para los tiempos; el sol conoce su ocaso.

20 Pones las tinieblas, y es la noche; en ella corretean todas las bestias de la selva.

21 Los leoncillos rugen tras la presa, y para buscar de Dios su comida.

22 Sale el sol, se recogen, y se echan en sus cuevas.

23 Sale el hombre a su labor, y a su labranza hasta la tarde.

24 ¡Cuán innumerables son tus obras, oh Jehová! Hiciste todas ellas con sabiduría; la tierra está llena de tus beneficios.

25 He allí el grande y anchuroso mar, en donde se mueven seres innumerables, seres pequeños y grandes.

26 Allí andan las naves; allí este leviatán que hiciste para que jugase en él.

27 Todos ellos esperan en ti, para que les des su comida a su tiempo.

28 Les das, recogen; abres tu mano, se sacian de bien.

29 Escondes tu rostro, se turban; les quitas el hálito, dejan de ser, y vuelven al polvo.

30 Envías tu Espíritu, son creados, y renuevas la faz de la tierra.

31 Sea la gloria de Jehová para siempre; alégrese Jehová en sus obras.

32 El mira a la tierra, y ella tiembla; toca los montes, y humean.

33 A Jehová cantaré en mi vida; a mi Dios cantaré salmos mientras viva.

34 Dulce será mi meditación en él; yo me regocijaré en Jehová.

35 Sean consumidos de la tierra los pecadores, y los impíos dejen de ser. Bendice, alma mía, a Jehová. Aleluya.

Salmo 105

Alabad a Jehová, invocad su nombre; dad a conocer sus obras en los pueblos.

2 Cantadle; cantadle salmos; hablad de todas sus maravillas.

3 Gloriaos en su santo nombre; alégrese el corazón de los que buscan a Jehová.

4 Buscad a Jehová y su poder; buscad siempre su rostro.

5 Acordaos de las maravillas que él ha hecho, de sus prodigios y de los juicios de su boca,

6 oh vosotros, descendencia de Abraham, su siervo, hijos de Jacob, sus escogidos.

7 El es Jehová nuestro Dios; en toda la tierra están sus juicios.

8 Se acordó para siempre de su pacto; de la palabra que mandó para mil generaciones,

9 la cual concertó con Abraham, y de su juramento a Isaac.

10 La estableció a Jacob por decreto, a Israel por pacto sempiterno,

11 diciendo: A ti te daré la tierra de Canaán como porción de vuestra heredad.

12 Cuando ellos eran pocos en número, y forasteros en ella,

13 y andaban de nación en nación, de un reino a otro pueblo,

14 no consintió que nadie los agraviase, y por causa de ellos castigó a los reyes.

15 No toquéis, dijo, a mis ungidos, ni hagáis mal a mis profetas.

16 Trajo hambre sobre la tierra, y quebrantó todo

sustento de pan.

17 Envió un varón delante de ellos; a José, que fue vendido por siervo.

18 Afligieron sus pies con grillos; en cárcel fue puesta su persona.

19 Hasta la hora que se cumplió su palabra, el dicho de Jehová le probó.

20 Envió el rey, y le soltó; el señor de los pueblos, y le dejó ir libre.

21 Lo puso por señor de su casa, y por gobernador de todas sus posesiones,

22 para que reprimiera a sus grandes como él quisiese, y a sus ancianos enseñara sabiduría.

23 Después entró Israel en Egipto, y Jacob moró en la tierra de Cam.

24 Y multiplicó su pueblo en gran manera, y lo hizo más fuerte que sus enemigos.

25 Cambió el corazón de ellos para que aborreciesen a su pueblo, para que contra sus siervos pensasen mal.

26 Envió a su siervo Moisés, y a Aarón, al cual escogió.

27 Puso en ellos las palabras de sus señales, y sus prodigios en la tierra de Cam.

28 Envió tinieblas que lo oscurecieron todo; no fueron rebeldes a su palabra.

29 Volvió sus aguas en sangre, y mató sus peces.

30 Su tierra produjo ranas hasta en la cámaras de sus reyes.

31 Habló, y vinieron enjambres de moscas y piojos en todos sus términos.

32 Les dio granizo por lluvia, y llamas de fuego en su tierra.

33 Destrozó sus viñas y sus higueras, y quebró los árboles de su territorio.

34 Habló, y vinieron langostas y pulgón sin número;

35 y comieron toda la hierba de su país, y devoraron el fruto de su tierra.

36 Hirió de muerte a todos los primogénitos en su tierra, las primicias de toda su fuerza.

37 Los sacó con plata y oro; y no hubo en sus tribus enfermo.

38 Egipto se alegró de que salieran, porque su terror había caído sobre ellos.

39 Extendió una nube por cubierta, y fuego para

alumbrar la noche.

40 Pidieron, e hizo venir codornices; y los sació de pan del cielo.

41 Abrió la peña, y fluyeron aguas; corrieron por los sequedales como un río.

42 Porque se acordó de su santa palabra dada a Abraham su siervo.

43 Sacó a su pueblo con gozo; con júbilo a sus escogidos.

44 Les dio las tierras de las naciones, y las labores de los pueblos heredaron;

45 para que guardasen sus estatutos, y cumpliesen sus leyes. Aleluya.

Salmo 106

Aleluya. Alabad a Jehová, porque él es bueno; porque para siempre es su misericordia.

2 ¿Quién expresará las poderosas obras de Jehová? ¿Quién contará sus alabanzas?

3 Dichosos los que guardan juicio, los que hacen justicia en todo tiempo.

4 Acuérdate de mí, oh Jehová, según tu benevolencia para con tu pueblo; visítame con tu salvación,

5 para que yo vea el bien de tus escogidos, para que me goce en la alegría de tu nación, y me glorie con tu heredad.

6 Pecamos nosotros, como nuestros padres; hicimos iniquidad, hicimos impiedad.

7 Nuestros padres en Egipto no entendieron tus maravillas; no se acordaron de la muchedumbre de tus misericordias, sino que se rebelaron junto al mar, el Mar Rojo.

8 Pero él los salvó por amor de su nombre, para hacer notorio su poder.

9 Reprendió al Mar Rojo y lo secó, y les hizo ir por el abismo como por un desierto.

10 Los salvó de la mano del enemigo, y los rescató de la mano del adversario.

11 Cubrieron las aguas a sus enemigos; no quedó ni uno de ellos.

12 Entonces creyeron a sus palabras y cantaron su alabanza.

13 Bien pronto olvidaron sus obras; no esperaron su consejo.

14 Se entregaron a un

deseo desordenado en el desierto; y tentaron a Dios en la soledad.

15 Y él les dio lo que pidieron; mas envió mortandad sobre ellos.

16 Tuvieron envidia de Moisés en el campamento, y contra Aarón, el santo de Jehová.

17 Entonces se abrió la tierra y tragó a Datán, y cubrió la compañía de Abiram.

18 Y se encendió fuego en su junta; la llama quemó a los impíos.

19 Hicieron becerro en Horeb, se postraron ante una imagen de fundición.

20 Así cambiaron su gloria por la imagen de un buey que come hierba.

21 Olvidaron al Dios de su salvación, que había hecho grandezas en Egipto,

22 maravillas en la tierra de Cam, cosas formidables sobre el Mar Rojo.

23 Y trató de destruirlos, de no haberse interpuesto Moisés su escogido delante de él, a fin de apartar su indignación para que no los destruyese

24 Pero aborrecieron la tierra deseable; no creyeron en su palabra,

25 antes murmuraron en sus tiendas, y no oyeron la voz de Jehová.

26 Por tanto, alzó su mano contra ellos para abatirlos en el desierto,

27 y humillar su pueblo entre las naciones, y esparcirlos por las tierras.

28 Se unieron asimismo a Baal-peor, y comieron los sacrificios de los muertos.

29 Provocaron la ira de Dios con sus obras, y se desarrolló la mortandad entre ellos.

30 Entonces se levantó Finees e hizo juicio, y se detuvo la plaga;

31 y le fue contado por justicia de generación en generación para siempre.

32 También le irritaron en las aguas de Meriba; y le fue mal a Moisés por causa de ellos,

33 porque hicieron rebelar a su espíritu, y habló precipitadamente con sus labios.

34 No destruyeron a los pueblos que Jehová les dijo:

35 antes se mezclaron con las naciones, y aprendieron sus obras,

36 y sirvieron a sus ídolos, los cuales fueron causa de su ruina.

37 Sacrificaron sus hijos y sus hijas a los demonios,

38 y derramaron la sangre inocente, la sangre de sus hijos y de sus hijas, que ofrecieron en sacrificio a los ídolos de Canaán, y la tierra fue contaminada con sangre.

39 Se contaminaron así con sus obras, y se prostituyeron con sus hechos.

40 Se encendió, por tanto, el furor de Jehová sobre su pueblo, y abominó su heredad;

41 los entregó en poder de las naciones, y se enseñorearon de ellos los que les aborrecían.

42 Sus enemigos los oprimieron, y fueron quebrantados debajo de su mano.

43 Muchas veces los libró; mas ellos se rebelaron contra su consejo, y fueron humillados por su maldad.

44 Con todo, él miraba cuando estaban en angustia, y oía su clamor;

45 y se acordaba de su pacto con ellos, y se arrepentía conforme a la muchedumbre de sus misericordias.

46 Hizo asimismo que tuviesen de ellos misericordia todos los que los tenían cautivos.

47 Sálvanos, Jehová Dios nuestro, y recógenos de entre las naciones, para que alabemos tu santo nombre, para que nos gloriemos en tus alabanzas.

48 Bendito Jehová Dios de Israel, desde la eternidad y hasta la eternidad; y diga todo el pueblo, Amén. Aleluya.

Libro V

Salmo 107

Alabad a Jehová, porque él es bueno; porque para siempre es su misericordia.

2 Díganlo los redimidos de Jehová, los que ha redimido del poder del enemigo,

3 y los ha congregado de las tierras, del oriente y del occidente, del norte y del sur.

4 Anduvieron perdidos por el desierto, por la soledad sin camino, sin hallar ciudad en donde vivir.

5 Hambrientos y sedientos, su alma desfallecía en ellos.

6 Entonces, clamaron a Jehová en su angustia, y los libró de sus aflicciones.

7 Los dirigió por camino derecho, para que viniesen a ciudad habitable.

8 Alaben la misericordia de Jehová, y sus maravillas para con los hijos de los hombres.

9 Porque sacia al alma menesterosa, y llena de bien al alma hambrienta.

10 Algunos moraban en tinieblas y sombra de muerte, aprisionados en aflicción y en los hierros,

11 por cuanto fueron rebeldes a las palabras de Jehová, y aborrecieron el consejo del Altísimo.

12 Por eso, quebrantó con el trabajo sus corazones; cayeron y no hubo quien los ayudase.

13 Luego que clamaron a Jehová en su angustia, los libró de sus aflicciones;

14 los sacó de las tinieblas y de la sombra de muerte, y rompió sus prisiones.

15 Alaben la misericordia de Jehová, y sus maravillas para con los hijos de los hombres.

16 Porque quebrantó las puertas de bronce, y desmenuzó los cerrojos de hierro.

17 Fueron afligidos los insensatos, a causa del camino de su rebelión y a causa de sus maldades;

18 su alma abominó todo alimento, y llegaron hasta las puertas de la muerte.

19 Pero clamaron a Jehová en su angustia, y los libró de sus aflicciones.

20 Envió su palabra, y los sanó, y los libró de su

ruina.

21 Alaben la misericordia de Jehová, y sus maravillas para con los hijos de los hombres;

22 ofrezcan sacrificios de alabanza, y publiquen sus obras con júbilo.

23 Los que descienden al mar en naves, y hacen negocio en las muchas aguas,

24 ellos han visto las obras de Jehová, y sus maravillas en las profundidades.

25 Porque habló, e hizo levantar un viento tempestuoso, que encrespa sus ondas.

26 Suben a los cielos, descienden a los abismos; sus almas se derriten con el mal.

27 Tiemblan y titubean como ebrios, y toda su ciencia es inútil.

28 Entonces claman a Jehová en su angustia, y los libra de sus aflicciones.

29 Cambia la tempestad en sosiego, y se apaciguan sus ondas.

30 Luego se alegran, porque se apaciguaron, y así los guía al puerto que deseaban.

31 Alaben la misericordia de Jehová, y sus maravillas para con los hijos de los hombres.

32 Exáltenlo en la congregación del pueblo, y en la reunión de ancianos lo alaben.

33 El convierte los ríos en desierto, y los manantiales de las aguas en sequedales;

34 la tierra fructífera en estéril, por la maldad de los que la habitan.

35 Vuelve el desierto en estanques de aguas, y la tierra seca en manantiales.

36 Allí establece a los hambrientos, y fundan ciudad en donde vivir.

37 Siembran campos, y plantan viñas, y rinden abundante fruto.

38 Los bendice, y se multiplican en gran manera; y no disminuye su ganado.

39 Luego son menoscabados y abatidos a causa de tiranía, de males y congojas.

40 El esparce menosprecio sobre los príncipes, y les hace andar perdidos, vagabundos y sin camino.

41 Levanta de la miseria al pobre, y hace multiplicar las familias como rebaños de ovejas.

42 Véanlo los rectos, y

alégrense, y todos los malos cierren su boca.

43 ¿Quién es sabio y guardará estas cosas, y entenderá las misericordias de Jehová?

Salmo 108

Cántico. Salmo de David.

Mi corazón está dispuesto, oh Dios; cantaré y entonaré salmos; ésta es mi gloria.

2 Despiértate, salterio y arpa; despertaré al alba.

3 Te alabaré, oh Jehová, entre los pueblos; a ti cantaré salmos entre las naciones.

4 Porque más grande que los cielos es tu misericordia, y hasta los cielos tu verdad.

5 Exaltado sean sobre los cielos, oh Dios, y sobre toda la tierra sea enaltecida tu gloria.

6 Para que sean librados tus amados, salva con tu diestra y respóndeme.

7 Dios ha dicho en su santuario: Yo me alegraré; repartiré a Siquem, y mediré el valle de Sucot.

8 Mío es Galaad, mío es Manasés, y Efraín es la fortaleza de mi cabeza; Judá es mi legislador.

9 Moab, la vasija para lavarme; sobre Edom echaré mi calzado; me regocijaré sobre Filistea.

10 ¿Quién me guiará a la ciudad fortificada? ¿Quién me guiará hasta Edom?

11 ¿No serás tú, oh Dios, que nos habías desechado, y no salías, oh Dios, con nuestros ejércitos?

12 Danos socorro contra el adversario, porque vana es la ayuda del hombre.

13 En Dios haremos proezas, y él hollará a nuestros enemigos.

Salmo 109

Al músico principal. Salmo de David.

Oh Dios de mi alabanza, no calles;

2 porque boca de impío y boca de engañador se han abierto contra mí, han hablado de mí con lengua mentirosa;

3 con palabras de odio me han rodeado, y pelearon contra mí sin causa.

4 En pago de mi amor

me han sido adversarios, mas yo oraba.

5 Me devuelven mal por bien, y odio por amor.

6 Pon sobre él al impío, y Satanás esté a su diestra.

7 Cuando fuere juzgado, salga culpable; y su oración sea para pecado.

8 Sean sus días pocos; tome otro su oficio.

9 Sean sus hijos huérfanos, y su mujer viuda.

10 Anden sus hijos vagabundos y mendiguen, y procuren su pan lejos de sus desolados hogares.

11 Que el acreedor se apodere de todo lo que tiene, y extraños saqueen su trabajo.

12 No tenga quien le haga misericordia, ni haya quien tenga compasión de sus huérfanos.

13 Su posteridad sea destruida; en la segunda generación sea borrado su nombre.

14 Venga en memoria ante Jehová la maldad de sus padres, y el pecado de su madre no sea borrado.

15 Estén siempre delante de Jehová, y él corte de la tierra su memoria,

16 por cuanto no se acordó de hacer misericordia, y persiguió al hombre afligido y menesteroso, al quebrantado de corazón, para darle muerte.

17 Amó la maldición, y ésta le sobrevino; y no quiso la bendición, y ella se alejó de él.

18 Se vistió de maldición como de su vestido, y entró como agua en sus entrañas, y como aceite en sus huesos.

19 Séale como vestido con que se cubra, y en lugar de cinto con que se ciña siempre.

20 Sea éste el pago de parte de Jehová a los que me calumnian, y a los que hablan mal contra mi alma.

21 Y tú, Jehová, Señor mío, favoréceme por amor de tu nombre; líbrame, porque tu misericordia es buena.

22 Porque yo estoy afligido y necesitado, y mi corazón está herido dentro de mí.

23 Me voy como la sombra cuando declina; soy sacudido como langosta.

24 Mis rodillas están debilitadas a causa del ayuno, y mi carne desfallece por falta de gordura.

25 Yo he sido para

ellos objeto de oprobio; me miraban, y burlándose meneaban su cabeza.

26 Ayúdame, Jehová Dios mío; sálvame conforme a tu misericordia.

27 Y entiendan que ésta es tu mano; que tú, Jehová, has hecho esto.

28 Maldigan ellos, pero bendice tú; levántense, mas sean avergonzados, y regocíjese tu siervo.

29 Sean vestidos de ignominia los que me calumnian; sean cubiertos de confusión como con manto.

30 Yo alabaré a Jehová en gran manera con mi boca, y en medio de muchos le alabaré.

31 Porque él se pondrá a la diestra del pobre, para librar su alma de los que le juzgan.

Salmo 110

Salmo de David.

Jehová dijo a mi Señor: siéntate a mi diestra, hasta que ponga a tus enemigos por estrado de tus pies.

2 Jehová enviará desde Sión la vara de tu poder; domina en medio de tus enemigos.

3 Tu pueblo se te ofrecerá, voluntariamente en el día de tu poder, en la hermosura de la santidad. Desde el seno de la aurora tienes tú el rocío de tu juventud.

4 Juró Jehová, y no se arrepentirá: Tú eres sacerdote para siempre según el orden de Melquisedec.

5 El Señor está a tu diestra; quebrantará a los reyes en el día de su ira.

6 Juzgará entre las naciones, las llenará de cadáveres; quebrantará las cabezas en muchas tierras.

7 Del arroyo beberá en el camino, por lo cual levantará la cabeza.

Salmo 111

Aleluya.

Alabaré a Jehová con todo el corazón en la compañía y congregación de los rectos.

2 Grandes son las obras de Jehová, buscadas de todos los que las quieren.

3 Gloria y hermosura es su obra, y su justicia permanece para siempre.

4 Ha hecho memora-

bles sus maravillas; clemente y misericordioso es Jehová.

5 Ha dado alimento a los que le temen; para siempre se acordará de su pacto.

6 El poder de sus obras manifestó a su pueblo, dándole la heredad de las naciones.

7 Las obras de sus manos son verdad y juicio; fieles son todos sus mandamientos,

8 afirmados eternamente y para siempre, hechos en verdad y en rectitud.

9 Redención ha enviado a su pueblo; para siempre ha ordenado su pacto; santo y temible es su nombre.

10 El principio de la sabiduría es el temor de Jehová; buen entendimiento tienen todos los que practican sus mandamientos; su loor permanece para siempre.

Salmo 112

Aleluya.

Bienaventurado el hombre que teme a Jehová, y en sus mandamientos se deleita en gran manera.

2 Su descendencia será poderosa en la tierra; la generación de los rectos será bendita.

3 Bienes y riquezas hay en su casa, y su justicia permanece para siempre.

4 Resplandeció en las tinieblas luz a los rectos; es clemente, misericordioso y justo.

5 El hombre de bien tiene misericordia, y presta; gobierna sus asuntos con juicio,

6 por lo cual no resbalará jamás; en memoria eterna será el justo.

7 No tendrá temor de malas noticias; su corazón está firme, confiado en Jehová.

8 Asegurado está su corazón; no temerá, hasta que vea en sus enemigos su deseo.

9 Reparte, da a los pobres; su justicia permanece para siempre; su poder será exaltado en gloria.

10 Lo verá el impío y se irritará; crujirá los dientes, y se consumirá. El deseo de los impíos perecerá.

Salmo 113

Aleluya.

Alabad, siervos de Jehová, alabad el nombre de Jehová.

2 Sea el nombre de Jehová bendito desde ahora y para siempre.

3 Desde el nacimiento del sol hasta donde se pone, sea alabado el nombre de Jehová.

4 Excelso sobre todas las naciones es Jehová, sobre los cielos su gloria.

5 ¿Quién como Jehová nuestro Dios, que se sienta en las alturas,

6 que se humilla a mirar en el cielo y en la tierra?

7 El levanta del polvo al pobre, y al menesteroso alza del muladar,

8 para hacerlos sentar con los príncipes, con los príncipes de su pueblo.

9 El hace habitar en familia a la estéril, que se goza en ser madre de hijos. Aleluya.

Salmo 114

Cuando salió Israel de Egipto, la casa de Jacob del pueblo extranjero,

2 Judá vino a ser su santuario, e Israel su señorío.

3 El mar lo vio y huyó; el Jordán se volvió atrás.

4 Los montes saltaron como carneros, los collados como corderitos.

5 ¿Qué tuviste, oh mar, que huiste? ¿Y tú, oh Jordán, que te volviste atrás?

6 Oh montes, ¿por qué saltasteis como carneros, y vosotros, collados, como corderitos?

7 A la presencia de Jehová tiembla la tierra, a la presencia del Dios de Jacob,

8 el cual cambió la peña en estanque de aguas, y en fuente de aguas, la roca.

Salmo 115

No a nosotros, oh Jehová, no a nosotros, sino a tu nombre da gloria, por tu misericordia, por tu verdad.

2 ¿Por qué han de decir las gentes: ¿Dónde está ahora su Dios?

3 Nuestro Dios está en los cielos; todo lo que quiso ha hecho.

4 Los ídolos de ellos son plata y oro, obra de manos de hombres.

5 Tienen boca, mas no hablan; tienen ojos, mas no ven;

6 orejas tienen, mas no oyen; tienen narices, mas no huelen;

7 manos tienen, mas no palpan; tienen pies, mas no andan; no hablan con su garganta.

8 Semejantes a ellos son los que los hacen, y cualquiera que confía en ellos.

9 Oh Israel, confía en Jehová; él es vuestra ayuda y vuestro escudo.

10 Casa de Aarón, confiad en Jehová; él es vuestra ayuda y vuestro escudo.

11 Los que teméis a Jehová, confiad en Jehová; él es vuestra ayuda y vuestro escudo.

12 Jehová se acordó de nosotros; nos bendecirá; bendecirá a la casa de Israel; bendecirá a la casa de Aarón.

13 Bendecirá a los que temen a Jehová, a pequeños y a grandes.

14 Aumentará Jehová bendición sobre vosotros; sobre vosotros y sobre vuestros hijos.

15 Benditos vosotros de Jehová, que hizo los cielos y la tierra.

16 Los cielos son los cielos de Jehová, y ha dado la tierra a los hijos de los hombres.

17 No alabarán los muertos a JAH, ni cuantos descienden al silencio;

18 pero nosotros bendeciremos a JAH desde ahora y para siempre. Aleluya.

Salmo 116

Amo a Jehová, pues ha oído mi voz y mis súplicas;

2 porque ha inclinado a mí su oído; por tanto, le invocaré en todos mis días.

3 Me rodearon ligaduras de muerte, me encontraron las angustias del Seol; angustia y dolor había yo hallado.

4 Entonces invoqué el nombre de Jehová, diciendo: Oh Jehová, libra ahora mi alma.

5 Clemente es Jehová, y justo; sí, misericordioso es nuestro Dios.

6 Jehová guarda a los sencillos; estaba yo postrado, y me salvó.

7 Vuelve, oh alma mía, a tu reposo, porque Jehová te ha hecho bien.

8 Pues tú has librado mi alma de la muerte, mis ojos de lágrimas, y mis pies de resbalar.

9 Andaré delante de Jehová en la tierra de los vivientes.

10 Creí, por tanto hablé, estando afligido en gran manera.

11 Y dije en mi apresuramiento: Todo hombre es mentiroso.

12 ¿Qué pagaré a Jehová por todos sus beneficios para conmigo?

13 Tomaré la copa de la salvación, e invocaré el nombre de Jehová.

14 Ahora pagaré mis votos a Jehová delante de todo su pueblo.

15 Estimada es a los ojos de Jehová la muerte de sus santos.

16 Oh Jehová, ciertamente yo soy tu siervo, siervo tuyo soy, hijo de tu sierva; tú ha roto mis prisiones.

17 Te ofreceré sacrificio de alabanza, e invocaré el nombre de Jehová.

18 A Jehová pagaré ahora mis votos delante de todo su pueblo,

19 en los atrios de la casa de Jehová, en medio de ti, oh Jerusalén. Aleluya.

Salmo 117

Alabad a Jehová, naciones todas; pueblos todos, alabadle.

2 Porque ha engrandecido sobre nosotros su misericordia, y la fidelidad de Jehová es para siempre. Aleluya.

Salmo 118

Alabad a Jehová, porque él es bueno; porque para siempre es su misericordia.

2 Diga ahora Israel, que para siempre es su misericordia.

3 Diga ahora la casa de Aarón, que para siempre es su misericordia.

4 Digan ahora los que temen a Jehová, que para siempre es su misericordia.

5 Desde la angustia invoqué a JAH, y me respondió JAH, poniéndome en lugar espacioso.

6 Jehová está conmigo;

no temeré lo que que me pueda hacer el hombre.

7 Jehová está conmigo entre los que me ayudan; por tanto, yo veré mi deseo en los que me aborrecen.

8 Mejor es confiar en Jehová que confiar en el hombre.

9 Mejor es confiar en Jehová que confiar en príncipes.

10 Todas las naciones me rodearon; mas en el nombre de Jehová yo las destruiré.

11 Me rodearon y me asediaron; mas en el hombre de Jehová yo las destruiré.

12 Me rodearon como abejas; se enardecieron como fuego de espinos; mas en el nombre de Jehová yo las detruiré.

13 Me empujaste con violencia para que cayese, pero me ayudó Jehová.

14 Mi fortaleza y mi cántico es JAH, y él me ha sido por salvación.

15 Voz de júbilo y de salvación hay en las tiendas de los justos; la diestra de Jehová hace proezas.

16 La diestra de Jehová es sublime; la diestra de Jehová hace valentías.

17 No moriré, sino que viviré, y contaré las obras de JAH.

18 Me castigó gravemente JAH, mas no me entregó a la muerte.

19 Abridme las puertas de la justicia; entraré por ellas, alabaré a JAH.

20 Esta es puerta de Jehová; por ella entrarán los justos.

21 Te alabaré porque me has oído, y me fuiste por salvación.

22 La piedra que desecharon los edificadores ha venido a ser cabeza del ángulo.

23 De parte de Jehová es esto, y es cosa maravillosa a nuestros ojos.

24 Este es el día que hizo Jehová; nos gozaremos y alegraremos en él.

25 Oh Jehová, sálvanos ahora, te ruego; te ruego, oh Jehová, que nos hagas prosperar ahora.

26 Bendito el que viene en el nombre de Jehová; desde la casa de Jehová os bendecimos.

27 Jehová es Dios, y nos ha dado luz; atad víctimas con cuerdas a los cuernos del altar.

28 Mi Dios eres tú, y te alabaré; Dios mío, te exaltaré.

29 Alabad a Jehová, porque él es bueno; porque para siempre es su misericordia.

Salmo 119

Alef

Bienaventurados los perfectos de camino, los que andan en la ley de Jehová.

2 Bienaventurados los que guardan sus testimonios, y con todo el corazón le buscan;

3 pues no hacen iniquidad los que andan en sus caminos.

4 Tú encargaste que sean muy guardados tus mandamientos.

5 ¡Ojalá fuesen ordenados mis caminos para guardar tus estatutos!

6 Entonces no sería yo avergonzado, cuando atendiese a todos tus mandamientos.

7 Te alabaré con rectitud de corazón cuando aprendiere tus justos juicios.

8 Tus estatutos guardaré; no me dejes enteramente.

Bet

9 ¿Con qué limpiará el joven su camino? con guardar tu palabra.

10 Con todo mi corazón te he buscado; no me dejes desviarme de tus mandamientos.

11 En mi corazón he guardado tus dichos, para no pecar contra ti.

12 Bendito tú, oh Jehová; enséñame tus estatutos.

13 Con mis labios he contado todos los juicios de tu boca.

14 Me he gozado en el camino de tus testimonios más que de toda riqueza.

15 En tus mandamientos meditaré; consideraré tus caminos.

16 Me regocijaré en tus estatutos; no me olvidaré de tus palabras.

Guímel

17 Haz bien a tu siervo; que viva, y guarde tu palabra.

18 Abre mis ojos, y miraré las maravillas de tu ley.

19 Forastero soy yo en la tierra; no encubras de mí tus mandamientos.

20 Quebrantada está mi alma de desear tus juicios en todo tiempo.

21 Reprendiste a los soberbios, los malditos, que se desvían de tus mandamientos.

22 Aparta de mí el oprobio y el menosprecio, porque tus testimonios he guardado.

23 Príncipes también se sentaron y hablaron contra mí; mas tu siervo meditaba en tus estatutos,

24 pues tus testimonios son mis delicias y mis consejeros.

Dálet

25 Abatida hasta el polvo está mi alma; vivifícame según tu palabra.

26 Te he manifestado mis caminos, y me has respondido; enséñame tus estatutos.

27 Hazme entender el camino de tus mandamientos, para que medite en tus maravillas.

28 Se deshace mi alma de ansiedad; susténtame según tu palabra.

29 Aparta de mí el camino de la mentira, y en tu misericordia concédeme tu ley.

30 Escogí el camino de la verdad; he puesto tus juicios delante de mí.

31 Me he apegado a tus testimonios; oh Jehová, no me avergüences.

32 Por el camino de tus mandamientos correré, cuando ensanches mi corazón.

He

33 Enséñame, oh Jehová, el camino de tus estatutos, y lo guardaré hasta el fin.

34 Dame entendimiento, y guardaré tu ley, y la cumpliré de todo corazón.

35 Guíame por la senda de tus mandamientos, porque en ella tengo mi voluntad.

36 Inclina mi corazón a tus testimonios, y no a la avaricia.

37 Aparta mis ojos, que no vean la vanidad; avívame en tu camino.

38 Confirma tu palabra a tu siervo, que te teme.

39 Quita de mí el oprobio que he temido, porque buenos son tus juicios.

40 He aquí yo he anhelado tus mandamientos; vivifícame en tu justicia.

Vau

41 Venga a mí tu misericordia, oh Jehová; tu salvación, conforme a tu dicho.

42 Y daré por respuesta a mi avergonzador, que en tu palabra he confiado.

43 No quites de mi boca en ningún tiempo la palabra de verdad, porque en tus juicios espero.

44 Guardaré tu ley siempre, para siempre y eternamente.

45 Y andaré en libertad, porque busqué tus mandamientos.

46 Hablaré de tus testimonios delante de los reyes, y no me avergonzaré;

47 y me regocijaré en tus mandamientos, los cuales he amado.

48 Alzaré asimismo mis manos a tus mandamientos que amé, y meditaré en tus estatutos.

Zain

49 Acuérdate de la palabra dada a tu siervo, en la cual me has hecho esperar.

50 Ella es mi consuelo en mi aflicción, porque tu dicho me ha vivificado.

51 Los soberbios se burlaron mucho de mí, mas no me he apartado de tu ley.

52 Me acordé, oh Jehová, de tus juicios antiguos, y me consolé.

53 Horror se apoderó de mí a causa de los inicuos que dejan tu ley.

54 Cánticos fueron para mí tus estatutos en la casa en donde fui extranjero.

55 Me acordé en la noche de tu nombre, oh Jehová, y guardé tu ley.

56 Estas bendiciones tuve porque guardé tus mandamientos.

Chet

57 Mi porción es Jehová; he dicho que guardaré tus palabras.

58 Tu presencia supliqué de todo corazón; ten misericordia de mí según tu palabra.

59 Consideré mis caminos, y volví mis pies a tus testimonios.

60 Me apresuré y no me retardé en guardar tus mandamientos.

61 Compañías de impíos me han rodeado, mas no me he olvidado de tu ley.

62 A medianoche me levanto para alabarte por tus justos juicios.

63 Compañero soy yo de todos los que te temen y guardan tus mandamientos.

64 De tu misericordia, oh Jehová, está llena la tierra; enséñame tus estatutos.

Tet

65 Bien has hecho con tu siervo, oh Jehová, conforme a tu palabra.

66 Enséñame buen sentido y sabiduría, porque tus mandamientos he creído.

67 Antes que fuera yo humillado, descarriado andaba; mas ahora guardo tu palabra.

68 Bueno eres tú, y bienhechor; enséñame tus estatutos.

69 Contra mí forjaron mentira los soberbios, mas yo guardaré de todo corazón tus mandamientos.

70 Se engrosó el corazón de ello como sebo, mas yo en tu ley me he regocijado.

71 Bueno me es haber sido humillado, para que aprenda tus estatutos.

72 Mejor me es la ley de tu boca que millares de oro y plata.

Yod

73 Tus manos me hicieron y me formaron; hazme entender, y aprenderé tus mandamientos.

74 Los que te temen me verán, y se alegrarán, porque en tu palabra he esperado.

75 Conozco, oh Jehová, que tus juicios son justos, y que conforme a tu fidelidad me afligiste.

76 Sea ahora tu misericordia para consolarme, conforme a lo que has dicho a tu siervo.

77 Vengan a mí tus misericordias, para que viva, porque tu ley es mi delicia.

78 Sean avergonzados los soberbios, porque sin causa me han calumniado; pero yo meditaré en tus mandamientos.

79 Vuélvanse a mí los que te temen y conocen tus testimonios.

80 Sea mi corazón íntegro en tus estatutos, para que no sea yo avergonzado.

Caf

81 Desfallece mi alma por tu salvación, mas espero en tu palabra.

82 Desfallecieron mis ojos por tu palabra, diciendo: ¿Cuándo me consolarás?

83 Porque estoy como el odre al humo; pero no

he olvidado tus estatutos.

84 ¿Cuántos son los días de tu siervo? ¿Cuándo harás juicio contra los que me persiguen?

85 Los soberbios me han cavado hoyos; mas no proceden según tu ley.

86 Todos tus mandamientos son verdad; sin causa me persiguen; ayúdame.

87 Casi me han echado por tierra, pero no he dejado tus mandamientos.

88 Vivifícame conforme a tu misericordia, y guardaré los testimonios de tu boca.

Lámed

89 Para siempre, oh Jehová, permanece tu palabra en los cielos.

90 De generación en generación es tu fidelidad; tú afirmaste la tierra, y subsiste.

91 Por tu ordenación subsisten todas las cosas hasta hoy, pues todas ellas te sirven.

92 Si tu ley no hubiese sido mi delicia, ya en mi aflicción hubiera perecido.

93 Nunca jamás me olvidaré de tus mandamientos, porque con ellos me has vivificado.

94 Tuyo soy yo, sálvame, porque he buscado tus mandamientos.

95 Los impíos me han aguardado para destruirme; mas yo consideraré tus testimonios.

96 A toda perfección he visto fin; amplio sobremanera es tu mandamiento.

Mem

97 ¡Oh, cuánto amo yo tu ley! Todo el día es ella mi meditación.

98 Me has hecho más sabio que mis enemigos con tus mandamientos, porque siempre están conmigo.

99 Más que todos mis enseñadores he entendido, porque tus testimonios son mi meditación.

100 Más que los viejos he entendido, porque he guardado tus mandamientos;

101 de todo mal camino contuve mis pies, para guardar tu palabra.

102 No me aparté de tus juicios, porque tú me enseñaste.

103 ¡Cuán dulces son a mi paladar tus palabras! más que la miel a mi boca.

104 De tus mandamientos he adquirido inteligencia; por tanto, he aborrecido todo camino de mentira.

Nun

105 Lámpara es a mis pies tu palabra, y lumbrera a mi camino.

106 Juré y ratifiqué que guardaré tus justos juicios.

107 Afligido estoy en gran manera; vivifícame, oh Jehová, conforme a tu palabra.

108 Te ruego, oh Jehová, que te sean agradables los sacrificios voluntarios de mi boca, y me enseñes tus juicios.

109 Mi vida está de continuo en peligro, mas no me he olvidado de tu ley.

110 Me pusieron lazo los impíos, pero yo no me desvié de tus mandamientos.

111 Por heredad he tomado tus testimonios para siempre, porque son el gozo de mi corazón.

112 Mi corazón incliné a cumplir tus estatutos de continuo, hasta el fin.

Sámec

113 Aborrezco a los hombres hipócritas; mas amo tu ley.

114 Mi escondedero y mi escudo eres tú; en tu palabra he esperado.

115 Apartaos de mí, malignos, pues yo guardaré los mandamientos de mi Dios.

116 Susténtame conforme a tu palabra, y viviré; y no quede yo avergonzado de mi esperanza.

117 Sostenme, y seré salvo, y me regocijaré siempre en tus estatutos.

118 Hollaste a todos los que se desvían de tus estatutos, porque su astucia es falsedad.

119 Como escorias hiciste consumir a todos los impíos de la tierra; por tanto, yo he amado tus testimonios.

120 Mi carne se ha estremecido por temor de ti, y de tus juicios tengo miedo.

Ayin

121 Juicio y justicia he hecho; no me abandones a mis opresores.

122 Afianza a tu siervo para bien; no permitas que los soberbios me opriman.

123 Mis ojos desfallecieron por tu salvación, y por la palabra de tu justicia.

124 Haz con tu siervo según tu misericordia, y enséñame tus estatutos.

125 Tu siervo soy yo, dame entendimiento para conocer tus testimonios.

126 Tiempo es de actuar, oh Jehová, porque han invalidado tu ley.

127 Por eso he amado tus mandamientos más que el oro y más que oro muy puro.

128 Por eso estimé rectos todos tus mandamientos sobre todas las cosas, y aborrecí todo camino de mentira.

Pe

129 Maravillosos son tus testimonios; por tanto, los ha guardado mi alma.

130 La exposición de tus palabras alumbra; hace entender a los simples.

131 Mi boca abrí y suspiré, porque deseaba tus mandamientos.

132 Mírame, y ten misericordia de mí, como acostumbras con los que aman tu nombre.

133 Ordena mis pasos con tu palabra, y ninguna iniquidad se enseñoree de mí.

134 Líbrame de la violencia de los hombres, y guardaré tus mandamientos.

135 Haz que tu rostro resplandezca sobre tu siervo, y enséñame tus estatutos.

136 Ríos de agua descendieron de mis ojos, porque no guardaban tu ley.

137 Justo eres tú, oh Jehová, y rectos tus juicios.

138 Tus testimonios, que has recomendado, son rectos y muy fieles.

139 Mi celo me ha consumido, porque mis enemigos se olvidaron de tus palabras.

140 Sumamente pura es tu palabra, y la ama tu siervo.

141 Pequeño soy yo, y desechado, mas no me he olvidado de tus mandamientos.

142 Tu justicia es justicia eterna, y tu ley la verdad.

143 Aflicción y angustia se han apoderado de mí, tus mandamientos fueron mi delicia.

144 Justicia eterna son tus testimonios; dame entendimiento, y viviré.

Cof

145 Clamé con todo mi corazón; respóndeme, Jehová, y guardaré tus estatutos.

146 A ti clamé; sálvame, y guardaré tus testimonios.

147 Me anticipé al alba, y clamé; esperé en tu palabra.

148 Se anticiparon mis ojos a las vigilias de la noche, para meditar en tus mandatos.

149 Oye mi voz conforme a tu misericordia; oh Jehová, vivifícame conforme a tu juicio.

150 Se acercaron a la maldad los que me persiguen; se alejaron de tu ley.

151 Cercano estás tú, oh Jehová, y todos tus mandamientos son verdad.

152 Hace ya mucho que he entendido tus testimonios, que para siempre los has establecido.

Resh

153 Mira mi aflicción, y líbrame, porque de tu ley no me he olvidado.

154 Defiende mi causa, y redímeme; vivifícame con tu palabra.

155 Lejos está de los impíos la salvación, porque no busca tus estatutos.

156 Muchas son tus misericordias, oh Jehová; vivifícame conforme a tus juicios.

157 Muchos son mis perseguidores y mis enemigos, mas de tus testimonios no me he apartado.

158 Veía a los prevaricadores, y me disgustaba, porque no guardaban tus palabras.

159 Mira, oh Jehová, que amo tus mandamientos; vivifícame conforme a tu misericordia.

160 La suma de tu palabra es verdad, y eterno es todo juicio de tu justicia.

Sin

161 Príncipes me han perseguido sin causa, pero mi corazón tuvo temor de tus palabras.

162 Me regocijo en tu palabra como el que halla muchos despojos.

163 La mentira aborrezco y abomino; tu ley amo.

164 Siete veces al día te alabo a causa de tus justos juicios.

165 Mucha paz tienen los que aman tu ley, y no hay para ellos tropiezo.

166 Tu salvación he

esperado, oh Jehová, y tus mandamientos he puesto por obra.

167 Mi alma ha guardado tus testimonios, y los he amado en gran manera.

168 He guardado tus mandamientos y tus testimonios, porque todos mis caminos están delante de ti.

Tau

169 Llegue mi clamor delante de ti, oh Jehová; dame entendimiento conforme a tu palabra.

170 Llegue mi oración delante de ti; líbrame conforme a tu dicho.

171 Mis labios rebosarán alabanza cuando me enseñes tus estatutos.

172 Hablará mi lengua tus dichos, porque todos tus mandamientos son justicia.

173 Esté tu mano pronta para socorrerme, porque tus mandamientos he escogido.

174 He deseado tu salvación, oh Jehová, y tu ley es mi delicia.

175 Viva mi alma y te alabe, y tus juicios me ayuden.

176 Yo anduve errante como oveja extraviada; busca a tu siervo, porque no me he olvidado de tus mandamientos.

Salmo 120

Cántico gradual

A Jehová clamé estando en angustia, y él me respondió.

2 Libra mi alma, oh Jehová, del labio mentiroso y de la lengua fraudulenta.

3 ¿Qué te dará, o qué te aprovechará, oh lengua engañosa?

4 Agudas saetas de valiente, con brasas de enebro.

5 ¡Ay de mí que moro en Mesec, y habito entre las tiendas de Cedar!

6 Mucho tiempo ha morado mi alma con los que aborrecen la paz.

7 Yo soy pacífico; mas ellos, así que hablo, me hacen guerra.

Salmo 121

Cántico gradual.

Alzaré mis ojos a los montes; ¿de dónde vendrá mi socorro?

2 Mi socorro viene de Jehová, que hizo los cielos

y la tierra.

3 No dará tu piel al resbaladero, ni se dormirá el que te guarda.

4 He aquí, no se adormecerá ni dormirá el que guarda a Israel.

5 Jehová es tu guardador; Jehová es tu sombra a tu mano derecha.

6 El sol no te fatigará de día, ni la luna de noche.

7 Jehová te guardará de todo mal; él guardará tu alma.

8 Jehová guardará tu salida y tu entrada desde ahora y para siempre.

Salmo 122

Cántico gradual; de David.

Yo me alegré con los que me decían: a la casa de Jehová iremos.

2 Nuestros pies estuvieron dentro de tus puertas, oh Jerusalén.

3 Jerusalén, que se ha edificado como una ciudad que está bien unida entre sí.

4 Y allá subieron las tribus, las tribus de JAH, conforme al testimonio dado a Israel, para alabar el nombre de Jehová.

5 Porque allá están las sillas del juicio, los tronos de la casa de David.

6 Pedid por la paz de Jerusalén; sean prosperados los que te aman.

7 Sea la paz dentro de tus muros, y el descanso dentro de tus palacios.

8 Por amor de mis hermanos y mis compañeros diré yo: La paz sea contigo.

9 Por amor a la casa de Jehová nuestro Dios buscaré tu bien.

Salmo 123

Cántico gradual.

A ti alcé mis ojos, a ti que habitas en los cielos.

2 He aquí, como los ojos de los siervos miran a la mano de sus señores, y como los ojos de la sierva a la mano de su señora, así nuestros ojos miran a Jehová nuestro Dios, hasta que tenga misericordia de nosotros.

3 Ten misericordia de nosotros, oh Jehová, ten misericordia de nosotros, porque estamos muy hastiados de menosprecio.

4 Hastiada está nuestra alma del escarnio de los

que están en holgura, y del menosprecio de los soberbios.

Salmo 124

Cántico gradual; de David.

A no haber estado Jehová por nosotros, diga ahora Israel;

2 a no haber estado Jehová por nosotros, cuando se levantaron contra nosotros los hombres,

3 vivos nos habrían tragado entonces, cuando se encendió su furor contra nosotros.

4 Entonces nos habrían inundado las aguas; sobre nuestra alma hubiera pasado el torrente;

5 hubieran entonces pasado sobre nuestra alma las aguas impetuosas.

6 Bendito sea Jehová, que no nos dio por presa a los dientes de ellos.

7 Nuestra alma escapó cual ave del lazo de los cazadores; se rompió el lazo, y escapamos nosotros.

8 Nuestro socorro está en el nombre de Jehová, que hizo el cielo y la tierra.

Salmo 125

Cántico gradual.

Los que confían en Jehová son como el monte de Sión, que no se mueve, sino que permanece para siempre.

2 Como Jerusalén tiene montes alrededor de ella, así Jehová está alrededor de su pueblo desde ahora y para siempre.

3 Porque no reposará la vara de la impiedad sobre la heredad de los justos; no sea que extiendan los justos sus manos a la iniquidad.

4 Haz bien, oh Jehová, a los buenos, y a los que son rectos en su corazón.

5 Mas a los que se apartan tras sus perversidades, Jehová los llevará con los que hacen iniquidad; paz sea sobre Israel.

Salmo 126

Cántico gradual.

Cuando Jehová hiciere volver la cautividad de Sión, seremos como los que sueñan.

2 Entonces nuestra boca se llenará de risa, y nuestra lengua de alabanza; entonces dirán entre las naciones: grandes cosas ha hecho Jehová con éstos.

3 Grandes cosas ha hecho Jehová con nosotros; estaremos alegres.

4 Haz volver nuestra cautividad, oh Jehová, como los arroyos del Neguev.

5 Los que sembraron con lágrimas, con regocijo segarán.

6 Irá andando y llorando el que lleva la preciosa semilla; mas volverá a venir con regocijo, trayendo sus gavillas.

Salmo 127

Cántico gradual; para Salomón.

Si Jehová no edificare la casa, en vano trabajan los que la edifican; si Jehová no guardare la ciudad, en vano vela la guardia.

2 Por demás es que os levantéis de madrugada, y vayáis tarde a reposar, y que comáis pan de dolores; pues que a su amado dará Dios el sueño.

3 He aquí, herencia de Jehová son los hijos; cosa de estima el fruto del vientre.

4 Como saetas en mano del valiente, así son los hijos habidos en la juventud.

5 Bienaventurado el hombre que llenó su aljaba de ellos; no será avergonzado cuando hablare con los enemigos en la puerta.

Salmo 128

Cántico gradual.

Bienaventurado todo aquel que teme a Jehová, que anda en sus caminos.

2 cuando comieres el trabajo de tus manos, bienaventurado serás, y te irá bien.

3 Tu mujer será como vid que lleva fruto a los lados de tu casa; tus hijos como plantas de olivo alrededor de tu mesa.

4 He aquí que así será bendecido el hombre que teme a Jehová.

5 Bendígate Jehová desde Sión, y veas el bien de Jerusalén todos los días de tu vida,

6 y veas a los hijos de tus hijos. Paz sea sobre Israel.

Salmo 129

Cántico gradual.

Mucho me han angustiado desde mi juventud, puede decir ahora Israel;

2 mucho me han angustiado desde mi juventud; mas no prevalecieron contra mí.

3 Sobre mis espaldas araron los aradores; hicieron largos surcos.

4 Jehová es justo; cortó las coyundas de los impíos.

5 Serán avergonzados y vueltos atrás todos los que aborrecen a Sión.

6 Serán como la hierba de los tejados, que se seca antes que crezca;

7 de la cual no llenó el segador su mano, ni sus brazos el que hace gavillas.

8 Ni dijeron los que pasaban: bendición de Jehová sea sobre vosotros; os bendecimos en el nombre de Jehová.

Salmo 130

Cántico gradual.

De lo profundo, oh Jehová, a ti clamo.

2 Señor, oye mi voz; estén atentos tus oídos a la voz de mi súplica.

3 JAH, si mirares a los pecados, ¿quién, oh Señor, podrá mantenerse?

4 Pero en ti hay perdón, para que seas reverenciado.

5 Esperé yo a Jehová, esperó mi alma; en su palabra he esperado.

6 Mi alma espera a Jehová más que los centinelas a la mañana, más que los vigilantes a la mañana.

7 Espere Israel a Jehová, porque en Jehová hay misericordia, y abundante redención con él;

8 y él redimirá a Israel de todos sus pecados.

Salmo 131

Cántico gradual; de David.

Jehová, no se ha envanecido mi corazón, ni mis ojos se enaltecieron; ni anduve en grandezas, ni en cosas demasiado sublimes para mí.

2 En verdad que me he comportado y he acallado mi alma como un niño destetado de su madre; como un niño destetado está mi alma.

3 Espera, oh Israel, en Jehová, desde ahora y para siempre.

Salmo 132

Cántico gradual.

Acuérdate, oh Jehová, de David, y de toda su aflicción;

2 de cómo juró a Jehová, y prometió al Fuerte de Jacob:

3 No entraré en la morada de mi casa, ni subiré sobre el lecho de mi estrado;

4 no daré sueño a mis ojos, ni mis párpados adormecimiento,

5 hasta que halle lugar para Jehová, morada para el Fuerte de Jacob.

6 He aquí en Efrata lo oímos; lo hallamos en los campos del bosque.

7 Entraremos en su tabernáculo; nos postraremos ante el estrado de sus pies.

8 Levántate, oh Jehová, al lugar de tu reposo, tú y el arca de tu poder.

9 Tus sacerdotes se vistan de justicia, y se regocijen tus santos.

10 Por amor de David tu siervo no vuelvas de tu ungido el rostro.

11 En verdad juró Jehová a David, y no se retractará de ello: De tu descendencia pondré sobre tu trono.

12 Si tus hijos guardaren mi pacto, y mi testimonio que yo les enseñaré, sus hijos también se sentarán sobre tu trono para siempre.

13 Porque Jehová ha elegido a Sión; la quiso por habitación para sí.

14 Este es para siempre el lugar de mi reposo; aquí habitaré, porque la he querido.

15 Bendeciré abundantemente su provisión; a sus pobres saciaré de pan.

16 Asimismo, vestiré de salvación a sus sacerdotes, y sus santos darán voces de júbilo.

17 Allí haré retoñar el poder de David; he dispuesto lámpara a mi ungido.

18 A sus enemigos vestiré de confusión, mas sobre él florecerá su corona.

Salmo 133

Cántico gradual; de David.

¡Mirad cuán bueno y

cuán delicioso es habitar los hermanos juntos en armonía!

2 Es como el buen óleo sobre la cabeza, el cual desciende sobre la barba, la barba de Aarón, y baja hasta el borde de sus vestiduras;

3 como el rocío de Hermón, que desciende sobre los montes de Sión; porque allí envía Jehová bendición, y vida eterna.

Salmo 134

Cántico gradual.

Mirad, bendecid a Jehová, vosotros todos los siervos de Jehová, los que en la casa de Jehová estáis por las noches.

2 Alzad vuestras manos al santuario, y bendecid a Jehová.

3 Desde Sión te bendiga Jehová, el cual ha hecho los cielos y la tierra.

Salmo 135

Aleluya.

Alabad el nombre de Jehová; alabadle, siervos de Jehová;

2 los que estáis en la casa de Jehová, en los atrios de la casa de nuestro Dios.

3 Alabad a JAH, porque él es bueno; cantad salmos a su nombre, porque él es benigno.

4 Porque JAH ha escogido a Jacob para sí, a Israel por posesión suya.

5 Porque yo sé que Jehová es grande, y el Señor nuestro, mayor que todos los dioses.

6 Todo lo que Jehová quiere, lo hace en los cielos y en la tierra, en los mares y en todos los abismos.

7 Hace subir las nubes de los extremos de la tierra; hace los relámpagos para la lluvia; saca de sus depósitos los vientos.

8 El es quien hizo morir a los primogénitos de Egipto, desde el hombre hasta la bestia.

9 Envió señales y prodigios en medio de ti, oh Egipto, contra Faraón, contra todos sus siervos.

10 Destruyó a muchas naciones, y mató a reyes poderosos;

11 a Sehón rey amorreo, a Og rey de Basán, y a todos los reyes de Canaán.

12 Y dio la tierra de ellos en heredad, en heredad a Israel su pueblo.

13 Oh Jehová, eterno es tu nombre; tu memoria, oh Jehová, de generación en generación.

14 Porque Jehová juzgará a su pueblo, y se compadecerá de sus siervos.

15 Los ídolos de las naciones son plata y oro, obra de manos de hombres.

16 Tienen boca y no hablan; tienen ojos y no ven;

17 tienen orejas y no oyen; tampoco hay aliento en sus bocas.

18 Semejantes a ellos son los que los hacen, y todos los que en ellos confían.

19 Casa de Israel, bendecid a Jehová; casa de Aarón, bendecid a Jehová;

20 casa de Leví, bendecid a Jehová; los que teméis a Jehová, bendecid a Jehová.

21 Desde Sión sea bendecido Jehová, quien mora en Jerusalén. Aleluya.

Salmo 136

Alabad a Jehová, porque él es bueno, porque para siempre es su misericordia.

2 Alabad al Dios de los dioses, porque para siempre es su misericordia.

3 Alabad al Señor de los señores, porque para siempre es su misericordia.

4 Al único que hace grandes maravillas, porque para siempre es su misericordia.

5 Al que hizo los cielos con entendimiento, porque para siempre es su misericordia.

6 Al que extendió la tierra sobre las aguas, porque para siempre es su misericordia.

7 Al que hizo las grandes lumbreras, porque para siempre es su misericordia.

8 El sol para que señorease en el día, porque para siempre es su misericordia.

9 La luna y las estrellas para que señoreasen en la noche, porque para siempre es su misericordia.

10 Al que hirió a Egipto en sus primogénitos, porque para siempre es su misericordia.

11 Al que sacó a Israel de en medio de ellos, porque para siempre es su misericordia.

12 Con mano fuerte y brazo extendido, porque para siempre es su misericordia.

13 Al que dividió el Mar Rojo en partes, porque para siempre es su misericordia;

14 e hizo pasar a Israel por en medio de él, porque para siempre es su misericordia;

15 y arrojó a Faraón y a su ejército en el Mar Rojo, porque para siempre es su misericordia.

16 Al que pastoreó a su pueblo por el desierto, porque para siempre es su misericordia.

17 Al que hirió a grandes reyes, porque para siempre es su misericordia;

18 y mató a reyes poderosos, porque para siempre es su misericordia;

19 a Sehón rey amorreo, porque para siempre es su misericordia;

20 y a Ogrey de Basán, porque para siempre es su misericordia;

21 y dio la tierra de ellos en heredad, porque para siempre es su misericordia;

22 en heredad a Israel su siervo, porque para siempre es su misericordia.

23 El es el que en nuestro abatimiento se acordó de nosotros, se acordó de nosotros porque para siempre es su misericordia;

24 y nos rescató de nuestros enemigos, porque para siempre es su misericordia.

25 El que da alimento a todo ser viviente, porque para siempre es su misericordia.

26 Alabad al Dios de los cielos, porque para siempre es su misericordia.

Salmo 137

Junto a los ríos de Babilonia, allí nos sentábamos, y aun llorábamos, acordándonos de Sión.

2 Sobre los sauces en medio de ella colgamos nuestras arpas.

3 Y los que nos habían llevado cautivos nos pedían que cantásemos y los que nos habían desolado nos pedían alegría, diciendo: Cantadnos algunos de los cánticos de Sión.

4 ¿Cómo cantaremos cánticos de Jehová en tierra de extraños?

5 Si me olvidare de ti, oh Jerusalén, pierda mi diestra su destreza.

6 Mi lengua se pegue a mi paladar, si de ti no me acordare; si no enalteciere a Jerusalén como preferente asunto de mi alegría.

7 Oh Jehová, recuerda contra los hijos de Egom el día de Jerusalén, cuando decían: Arrasadla, arrasadla hasta los cimientos.

8 Hija de Babilonia la desolada, bienaventurado el que te diere el pago de lo que tú nos hiciste.

9 Dichoso el que tomare y estrellare tus niños contra la peña.

Salmo 138

Salmo de David.

Te alabaré con todo mi corazón; delante de los dioses te cantaré salmos.

2 Me postraré hacia tu santo templo, y alabaré tu nombre por tu misericordia y tu fidelidad; porque has engrandecido tu nombre, y tu palabra sobre todas las cosas.

3 El día que clamé, me respondiste; me fortaleciste con vigor en mi alma.

4 Te alabarán, oh Jehová, todos los reyes de la tierra, porque han oído los dichos de tu boca.

5 Y cantarán de los caminos de Jehová, porque la gloria de Jehová es grande.

6 Porque Jehová es excelso, y atiende al humilde, mas al altivo mira de lejos.

7 Si anduviere yo en medio de la angustia, tú me vivificarás; contra la ira de mis enemigos extenderás tu mano, y me salvará tu diestra.

8 Jehová cumplirá su propósito en mí; tu misericordia, oh Jehová, es para siempre; no desampares la obra de tus manos.

Salmo 139

Al músico principal. Salmo de David.

Oh Jehová, tú me has examinado y conocido.

2 Tú has conocido mi sentarme y mi levantarme;

has entendido desde lejos mis pensamientos.

3 Has escudriñado mi andar y mi reposo, y todos mis caminos te son conocidos.

4 Pues aún no está la palabra en mi lengua, y he aquí, oh Jehová, tú la sabes toda.

5 Detrás y delante me rodeaste, y sobre mí pusiste tu mano.

6 Tal conocimiento es demasiado maravilloso para mí; alto es, no lo puedo comprender.

7 ¿A dónde me iré de tu Espíritu? ¿y a dónde huiré de tu presencia?

8 Si subiere a los cielos, allí estás tú; y si en el Seol hiciere mi estrado, he aquí, allí tú estás.

9 Si tomare las alas del alba y habitare en el extremo del mar,

10 aun allí me guiará tu mano, y me asirá tu diestra.

11 Si dijere: Ciertamente las tinieblas me encubrirán; aun la noche resplandecerá alrededor de mí.

12 Aun las tinieblas no encubren de ti, y la noche resplandece como el día; lo mismo te son las tinieblas que la luz.

13 Porque tú formaste mis entrañas; tú me hiciste en el vientre de mi madre.

14 Te alabaré; porque formidables, maravillosas son tus obras; estoy maravillado y mi alma lo sabe muy bien.

15 No fue encubierto de ti mi cuerpo, bien que en oculto fui formado, y entretejido en lo más profundo de la tierra.

16 Mi embrión vieron tus ojos, y en tu libro estaban escritas todas aquellas cosas que fueron luego formadas, sin faltar una de ellas.

17 ¡Cuán preciosos me son; oh Dios, tus pensamientos!, ¡cuán grande es la suma de ellos!

18 Si los enumero, se multiplican más que la arena; despierto, y aún estoy contigo.

19 De cierto, oh Dios, harás morir al impío; apartaos, pues, de mí, hombres sanguinarios.

20 Porque blasfemias dicen ellos contra ti; tus enemigos toman en vano tu nombre.

21 ¿No odio, oh Jehová, a los que te aborrecen, y me enardezco contra tus enemigos?

22 Los aborrezco por completo; los tengo por enemigos.

23 Examíname, oh Dios, y conoce mi corazón; pruébame y conoce mis pensamientos;

24 y ve si hay en mí camino de perversidad, y guíame en el camino eterno.

Salmo 140

Al músico principal. Salmo de David.

Líbrame, oh Jehová, del hombre malo; guárdame de hombres violentos,

2 los cuales maquinan males en el corazón, cada día urden contiendas.

3 Aguzaron su lengua como la serpiente; veneno de áspid hay debajo de sus labios. Selah.

4 Guárdame, oh Jehová, de manos del impío; líbrame de hombres injuriosos que han pensado trastornar mis pasos.

5 Me han escondido lazo y cuerdas los soberbios; han tendido red junto a la senda; me han puesto lazos. Selah.

6 He dicho a Jehová; Dios mío eres tú; escucha, oh Jehová, la voz de mis ruegos.

7 Jehová Señor, potente salvador mío, tú pusiste a cubierto mi cabeza en el día de batalla.

8 No concedas, oh Jehová, al impío sus deseos; no saques adelante su pensamiento, para que no se ensoberbezca. Selah.

9 En cuanto a los que por todas partes me rodean, la maldad de sus propios labios cubrirá su cabeza.

10 Caerán sobre ellos brasas; serán echados en el fuego, en abismos profundos en donde no salgan.

11 El hombre deslenguado no será firme en la tierra; el mal cazará al hombre injusto para derribarle.

12 Yo sé que Jehová tomará a su cargo la causa del afligido, y el derecho de los necesitados.

13 Ciertamente los justos alabarán tu nombre; los rectos morarán en tu presencia.

Salmo 141

Salmo de David.

Jehová, a ti he clamado; apresúrate a mí; escucha mi voz cuando te invocare.

2 Suba mi oración delante de ti como el incienso, el don de mis manos como la ofrenda de la tarde.

3 Pon guarda a mi boca, oh Jehová; guarda la puerta de mis labios.

4 No dejes que se incline mi corazón a cosa mala, a hacer obras impías con los que hacen iniquidad; y no coma yo de sus deleites.

5 Que el justo me castigue, será un favor, y que me reprenda será un excelente bálsamo que no me herirá la cabeza; pero mi oración será continuamente contra las maldades de aquéllos.

6 Serán despeñados sus jueces, y oirán mis palabras que son verdaderas.

7 Como quien hiende y rompe la tierra, son esparcidos nuestros huesos a la boca del Seol.

8 Por tanto, a ti, oh Jehová, Señor, miran mis ojos; en ti he confiado; no desampares mi alma.

9 Guárdame de los lazos que me han tendido, y de las trampas de los que hacen iniquidad.

10 Caigan los impíos a una en sus redes, mientras yo pasaré adelante.

Salmo 142

Masquil de David. Oración que hizo cuando estaba en la cueva.

Con mi voz clamaré a Jehová; con mi voz pediré a Jehová misericordia.

2 Delante de él expondré mi queja; delante de él manifestaré mi angustia.

3 Cuando mi espíritu se angustiaba dentro de mí, tú conociste mi senda. En el camino en que andaba, me escondieron lazo.

4 Mira a mi diestra y observa, pues no hay quien me quiera conocer; no tengo refugio, ni hay quien cuide de mi vida.

5 Clamé a ti, oh Jehová; dije: Tú eres mi esperanza, y mi porción en la tierra de los vivientes.

6 Escucha mi clamor, porque estoy muy afligido. Líbrame de los que me persiguen, porque son más fuertes que yo.

7 Saca mi alma de la

cárcel, para que alabe tu nombre; me rodearán los justos, porque tú me serás propicio.

Salmo 143

Salmo de David.

Oh Jehová, oye mi oración, escucha mis ruegos; respóndeme por tu verdad, por tu justicia.

2 Y no entres en juicio con tu siervo; porque no se justificará delante de ti ningún ser humano.

3 Porque ha perseguido el enemigo mi alma; ha postrado en tierra mi vida; me ha hecho habitar en tinieblas como los ya muertos.

4 Y mi espíritu se angustió dentro de mí; está desolado mi corazón.

5 Me acordé de los días antiguos; meditaba en todas tus obras; reflexionaba en las obras de tus manos.

6 Extendí mis manos a ti, mi alma a ti como la tierra sedienta. Selah.

7 Respóndeme pronto, oh Jehová, porque desmaya mi espíritu; no escondas de mí tu rostro, no venga yo a ser semejante a los que descienden a la sepultura.

8 Hazme oír por la mañana tu misericordia, porque en ti he confiado; hazme saber el camino por donde ande, porque a ti he elevado mi alma.

9 Líbrame de mis enemigos, oh Jehová; en ti me refugio.

10 Enséñame a hacer tu voluntad, porque tú eres mi Dios; tu buen espíritu me guíe a tierra de rectitud.

11 Por tu nombre, oh Jehová, me vivificarás; por tu justicia sacarás mi alma de angustia.

12 Y por tu misericordia disiparás a mis enemigos, y destruirás a todos los adversarios de mi alma, porque yo soy tu siervo.

Salmo 144

Salmo de David.

Bendito sea Jehová, mi roca, quien adiestra mis manos para la batalla, y mis dedos para la guerra;

2 misericordia mía y mi castillo, fortaleza mía y mi libertador, escudo mío, en quien he confiado; el que sujeta a mi pueblo debajo de mí.

3 Oh Jehová, ¿qué es el hombre, para que en él pienses, o el hijo de hombre, para que lo estimes?

4 El hombre es semejante a la vanidad; sus días son como la sombra que pasa.

5 Oh Jehová, inclina tus cielos y desciende; toca los montes, y humeen.

6 Despide relámpagos y disípalos, envía tus saetas y túrbalos.

7 Envía tu mano desde lo alto; redímeme, y sácame de las muchas aguas, de la mano de los hombres extraños,

8 cuya boca habla vanidad, y cuya diestra es diestra de mentira.

9 Oh Dios, a ti cantaré cántico nuevo; con salterio, con decacordio cantaré a ti.

10 Tú, el que da victoria a los reyes, el que rescata de maligna espada a David su siervo.

11 Rescátame, y líbrame de la mano de los hombres extraños, cuya boca habla vanidad, y cuya diestra es diestra de mentira.

12 Sean nuestros hijos como plantas crecidas en su juventud, nuestras hijas como esquinas labradas como las de un palacio;

13 nuestros graneros llenos, provistos de toda suerte de grano; nuestros ganados, que se multipliquen a millares y decenas de millares en nuestros campos;

14 nuestros bueyes estén fuertes para el trabajo; no tengamos asalto, ni que hacer salida, ni grito de alarma en nuestras plazas.

15 Bienaventurado el pueblo que tiene esto; bienaventurado el pueblo cuyo Dios es Jehová.

Salmo 145

Salmo de alabanza; de David.

Te exaltaré, mi Dios, mi Rey, y bendeciré tu nombre eternamente y para siempre.

2 Cada día te bendeciré y alabaré tu nombre eternamente y para siempre.

3 Grande es Jehová, y digno de suprema alabanza; y su grandeza es inescrutable.

4 Generación a generación celebrará tus obras, y anunciará tus poderosos hechos.

5 En la hermosura de la gloria de tu magnificencia, y en tus hechos maravillosos meditaré.

6 Del poder de tus hechos estupendos hablarán los hombres, y yo publicaré tu grandeza.

7 Proclamarán la memoria de tu inmensa bondad, y cantarán tu justicia.

8 Clemente y misericordioso es Jehová, lento para la ira, y grande en misericordia.

9 Bueno es Jehová para con todos, y sus misericordias sobre todas sus obras.

10 Te alaben, oh Jehová, todas tus obras, y tus santos te bendigan.

11 La gloria de tu reino digan, y hablen de tu poder,

12 para hacer saber a los hijos de los hombres sus poderosos hechos, y la gloria de la magnificencia de su reino.

13 Tu reino es reino de todos los siglos, y tu señorío en todas las generaciones.

14 Sostiene Jehová a todos los que caen, y levanta a todos los oprimidos.

15 Los ojos de todos esperan en ti, y tú les das su comida a su tiempo.

16 Abres tu mano, y colmas de bendición a todo ser viviente.

17 Justo es Jehová en todos sus caminos, y misericordioso en todas sus obras.

18 Cercano está Jehová a todos los que le invocan, a todos los que le invocan de veras.

19 Cumplirá el deseo de los que le temen; oirá asimismo el clamor de ellos, y los salvará.

20 Jehová guarda a todos los que le aman, mas destruirá a todos los impíos.

21 La alabanza de Jehová proclamará mi boca; y todos bendigan su santo nombre eternamente y para siempre.

Salmo 146

Aleluya.

Alaba, oh alma mía, a Jehová.

2 Alabaré a Jehová en mi vida; cantaré salmos a mi Dios mientras viva.

3 No confiéis en los

príncipes, ni en hijo de hombre, porque no hay en él salvación.

4 Pues sale su aliento, y vuelve a la tierra; en ese mismo día perecen sus pensamientos.

5 Bienaventurado aquel cuyo ayudador es el Dios de Jacob, cuya esperanza está en Jehová su Dios,

6 el cual hizo los cielos y la tierra, el mar, y todo lo que en ellos hay; que guarda verdad para siempre,

7 que hace justicia a los agraviados, que da pan a los hambrientos. Jehová liberta a los cautivos;

8 Jehová abre los ojos a los ciegos; Jehová levanta a los caídos; Jehová ama a los justos.

9 Jehová guarda a los extranjeros; al huérfano y a la viuda sostiene, y el camino de los impíos trastorna.

10 Reinará Jehová para siempre; tu Dios, oh Sión, de generación en generación. Aleluya.

Salmo 147

Alabad a JAH, porque es bueno cantar salmos a nuestro Dios; porque suave y hermosa es la alabanza.

2 Jehová edifica a Jerusalén; a los desterrados de Israel recogerá.

3 El sana a los quebrantados de corazón, y venda sus heridas.

4 El cuenta el número de las estrellas; a todas ellas llama por sus nombres.

5 Grande es el Señor nuestro, y de mucho poder; y su entendimiento es infinito.

6 Jehová exalta a los humildes, y humilla a los impíos hasta la tierra.

7 Cantad a Jehová con alabanza, cantad con arpa a nuestro Dios.

8 El es quien cubre de nubes los cielos, el que prepara la lluvia para la tierra, el que hace a los montes producir hierba.

9 El da a la bestia su mantenimiento, y a los hijos de los cuervos que claman.

10 No se deleita en la fuerza del caballo, ni se complace en la agilidad del hombre.

11 Se complace Jehová en los que le temen, y en los que esperan en su misericordia.

12 Alaba a Jehová, Jerusalén; alaba a tu Dios, oh Sión.

13 Porque fortificó los cerrojos de tus puertas; bendijo a tus hijos dentro de ti.

14 El da en tu territorio la paz; te hará saciar con lo mejor del trigo.

15 El envía su palabra a la tierra; velozmente corre su palabra.

16 Da la nieve como lana, y derrama la escarcha como ceniza.

17 Echa su hielo como pedazos; ante su frío, ¿quién resistirá?

18 Enviará su palabra, y los derretirá; soplará su viento, y fluirán las aguas.

19 Ha manifestado sus palabras a Jacob, sus estatutos y sus juicios a Israel.

20 No ha hecho así con ninguna otra de las naciones; y en cuanto a sus juicios, no los conocieron. Aleluya.

Salmo 148

Aleluya.

Alabad a Jehová desde los cielos; alabadle en las alturas.

2 Alabadle, vosotros todos sus ángeles; alabadle, vosotros todos sus ejércitos.

3 Alabadle, sol y luna; alabadle, vosotras todas, lucientes estrellas.

4 Alabadle, cielos de los cielos, y las aguas que están sobre los cielos.

5 Alaben el nombre de Jehová; porque él mandó, y fueron creados.

6 Los hizo ser eternamente y para siempre; les puso ley que no será quebrantada.

7 Alabad a Jehová desde la tierra, los monstruos marinos y todos los abismos;

8 el fuego y el granizo, la nieve y el vapor, el viento de tempestad que ejecuta su palabra;

9 los montes y todos los collados, el árbol de fruto y todos los cedros;

10 la bestia y todo animal, reptiles y volátiles;

11 los reyes de la tierra y todos los pueblos, los príncipes y todos los jueces de la tierra;

12 los jóvenes y también las doncellas, los ancianos y los niños.

13 Alaben el nombre de Jehová, porque sólo su nombre es enaltecido. Su gloria es sobre tierra y cielos.

14 El ha exaltado el poderío de su pueblo; alábenle todos sus santos, los hijos de Israel, el pueblo a él cercano. Aleluya.

Salmo 149

Aleluya.

Cantad a Jehová cántico nuevo; su alabanza sea en la congregación de los santos.

2 Alégrese Israel en su Hacedor; los hijos de Sión se gocen en su Rey.

3 Alaben su nombre con danza; con pandero y arpa a él canten.

4 Porque Jehová tiene contentamiento en su pueblo; hermoseará a los humildes con la salvación.

5 Regocíjense los santos por su gloria, y canten aun sobre sus camas.

6 Exalten a Dios con sus gargantas, y espadas de dos filos en sus manos,

7 para ejecutar venganza entre las naciones, y castigo entre los pueblos;

8 para aprisionar a sus reyes con grillos, y a sus nobles con cadenas de hierro;

9 para ejecutar en ellos el juicio decretado; gloria será esto para todos sus santos. Aleluya.

Salmo 150

Aleluya.

Alabad a Dios en su santuario; alabadle en la magnificencia de su firmamento.

2 Alabadle por sus proezas; alabadle conforme a la muchedumbre de su grandeza.

3 Alabadle a son de bocina; alabadle con salterio y arpa.

4 Alabadle con pandero y danza; alabadle con cuerdas y flautas.

5 Alabadle con címbalos resonantes; alabadle con címbalos de júbilo.

6 Todo lo que respira alabe a JAH. Aleluya.

APENDICE

Cómo preparar aceites consagrados

Así como las plegarias suelen tener un efecto milagroso en la cura de las enfermedades, también los aceites debidamente consagrados son recomendados por los sanadores para aliviar diversas dolencias.

Para preparar estos aceites y utilizarlos en sus curaciones, deberá contar con algunos elementos:

- Una tablilla de madera de 7x7 cm
- Tinta china verde y plumín
- Papel secante
- Aceite de oliva
- Un frasco trasparente
- Alcohol
- Agua bendita
- Aceite esencial
- Un velón blanco de siete días.

Una vez que haya reunido lo necesario (recuerde que para elegir el aceite esencial que le corresponde deberá leer este capítulo hasta el final) precisará, en primer lugar, elegir el salmo adecuado para el tratamiento que deberá aplicar, pues esa oración será la que potencie los efectos reparadores de la sustancia. Luego proceda del siguiente modo.

1- Para preparar su campo energético, repita el salmo elegido durante siete días y siete noches.

2- Al octavo día escriba sobre la tablilla de madera, con el plumín y la tinta china, el salmo elegido. Si el salmo es muy extenso, utilice más de una tablilla. Puede utilizar también ambas caras de la misma. El papel secante se usará para evitar excesos de tinta en el plumín o la tablilla, ya que es importante que la escritura sea clara y prolija.

3- Luego desinfecte un frasco con alcohol y séquelo con un paño blanco. Llene el frasco con aceite de oliva hasta la mitad y agregue una medida de aceite esencial. El aceite esencial se compra en farmacias homeopáticas o en droguerías y la proporción que debe mezclarse con el aceite de oliva deberá consultarla con el vendedor, ya que no todos los aceites poseen el mismo grado de concentración.

4- A continuación precisará construir un pequeño altar en un rincón de su casa. Le bastará con un rincón o una mesa pequeña cubierta con un paño blanco. Coloque allí la tablilla con los salmos y el velón de siete días.

5- Cuando todo esté listo, salpique el frasco y el velón con agua bendita, encienda la vela y, durante siete días, hasta que la vela se consuma por completo, repita el salmo al menos una vez al día.

6- Al concluir, tire los restos de la vela y envuelva el frasco en el paño blanco, junto con la tablilla. Utilice el aceite las veces que precise, pero no olvide guardarlo del modo indicado.

Como elegir un aceite esencial

Los aceites esenciales son extractos vegetales, también conocidos con el nombre de esencias, usados con frecuencia en la aromaterapia. Sus maravillosos poderes curativos ya eran famosos hace milenios, pero solo recientemente se comenzó a revalorizar su utilización.

Nosotros los utilizamos para preparar

aceites consagrados, pues de ese modo trabajaban los sanadores de la antigüedad. Sin embargo, a diferencia de aquellas esencias, muchas de las que se venden actualmente son sintéticas y de bajo poder vibratorio, es decir poco efectivas en la curación.

El efecto curativo del aceite dependerá de la pureza de sus componentes y por eso es mejor que utilice esencias de muy buena calidad.

Esencias curativas

A continuación enumeramos las esencias curativas que se utilizan en la actualidad del mismo modo en que fueron usadas hace siglos. Sus beneficios y su modo de uso se indica en el listado.

ALCANFOR

Beneficios: Antiséptico.

Forma de uso: Inhalaciones y vaporizaciones.

Aunque, por lo general se utiliza para tratar la tos y los resfriados, el alcanfor ayuda a superar todas las enfermedades del sistema respiratorio. Puede irritar la piel, por eso conviene ser precavido si se elabora un aceite consagrado con este producto. Una pastilla de alcanfor envuelta en tela blanca, llevada al cuello como un amuleto, evita contagios.

BERGAMOTA

Beneficios: Combate depresiones, acné,

herpes y la cistitis.

Forma de uso: En baño, compresas, para aceite de masajes, utilizado como perfume, agregado a la crema de limpieza de piel o en vaporizaciones.

Cuando un enfermo se encuentra deprimido, se recomienda preparar aceite consagrado de bergamota y, al amanecer, dibujar con el dedo embebido en él tres cruces sobre la frente. Unas gotitas detrás de las orejas, a modo de perfume, también devuelven el entusiasmo perdido. Puede aplicarse el aceite consagrado directamente sobre la piel, pero jamás se deberá tomar sol si se trabaja con este aceite, al menos hasta tres horas después de haber sido aplicado.

CEDRO

Beneficios: Calmante, astringente, descongestivo.

Forma de uso: En baños, masajes, inhalaciones y para aplicar sobre la piel en el tratamiento de pieles grasas, acné o alergias de piel.

El aceite de cedro es potente, por lo tanto debe utilizarse en bajísimas proporciones para curar afecciones de la piel. Inhalar el aroma del cedro descongestiona las vías respiratorias y ayuda también a los fumadores que deseen dejar el hábito.

CIPRES

Beneficios: Revitalizante, calmante y refrescante.

Forma de uso: Baño, compresa, inhalación, masaje y vaporizaciones.

Los cólicos, dolores menstruales o molestias e inflamaciones abdominales de todo tipo se sanan adecuadamente con aceite consagrado de ciprés; en esos casos deben aplicarse siete gotas en el centro de las palmas, frotarlas ligeramente entre sí y luego masajear el vientre del enfermo en forma circular.

ENEBRO

Beneficios: El aceite consagrado de enebro es un potente purificador del campo áurico. Solo está contraindicado para las embarazadas. En los restantes casos, unas gotas la en nuca, pecho y pulsos ayudan a combatir todas las enfermedades infecciosas.

Forma de uso: Baño, inhalación, masaje y vaporización.

En todos los casos se utilizan pocas gotas, no más de cinco por vez.

GERANIO

Beneficios: Equilibra la psiquis.

Forma de uso: En baño, masaje, como perfume y en vaporizaciones.

Todo mal en el cual se vea comprometido el equilibrio de la psiquis -por ejemplo la amnesia, el estrés, las fobias, el pánico, etc.- pueden tratarse con aceite consagrado de geranio. En caso de retención de líquido es un buen auxiliar diurético, por supuesto nunca en ingesta sino en aplicación externa, sobre los riñones.

HINOJO

Beneficio: Fortalece el sistema inmunológico, especialmente recomendado para los niños.

Forma de uso: Casi exclusivamente en vaporizaciones. En masajes solo en caso de empacho, intoxicación o náuseas.

Si bien este aceite mejora problemas digestivos, intestinales y ginecológicos, jamás debe ser utilizado por las embarazadas. Para los niños se lo recomienda en inhalaciones, cuando el sistema de defensas del pequeño precise de un refuerzo.

INCIENSO

Beneficios: Tonificante, aleja las malas vibraciones.

Forma de uso: Baño, inhalaciones, masajes, vaporizaciones.

Por lo general, este aceite consagrado resulta muy beneficioso cuando el ambiente que rodea al enfermo no es el adecuado. Quienes se encuentran internados, lejos de su hogar o padecen males que los mantienen postrados, se verán favorecidos si utilizan este aceite, pues crea un poderosísimo campo protector en torno a la persona, impidiendo que influencias malsanas afecten su equilibrio y retrasen su curación.

JAZMIN

Beneficios: Relajante muscular, antiinflamatorio, antidepresivo.

Forma de uso: Baño, masaje, perfume,

vaporizaciones.

Tanto en caso de contracturas como quebraduras, artrosis o artritis, el aceite consagrado de jazmín resulta de gran ayuda para la recuperación del enfermo. Es también antidepresivo y estimulante, resultando asimismo de utilidad en el caso de impotencia, anorgasmia o apatía sexual.

LAVANDA

Beneficios: Antiséptico, relajante y analgésico.

Forma de uso: Baño, compresas, inhalación, masaje, perfume.

Tradicionalmente este aceite se ha utilizado para combatir el insomnio, los dolores de cabeza, los dolores musculares, náuseas, fatiga y depresión. Pero además, a un nivel más sutil, la fragancia de la lavanda actúa armonizando el sistema energético, por lo cual es beneficiosa en caso de crisis de todo tipo. Su cualidad es la de "enfriar", por eso ayuda a aliviar la fiebre y las inflamaciones y es bueno usar unas gotitas en cualquier enfermedad que produzca un aumento de la temperatura general o parcial del cuerpo. En caso de úlceras o cólicos intestinales, las inhalaciones de aceite consagrado de lavanda resultan un remedio eficaz. También puede utilizarse sobre quemaduras, picaduras o cortes leves.

LIMON

Beneficios: Astringente, refrescante y purificador.

Forma de uso: Baños, compresas, masajes, vaporizaciones.

Como usos básicos puede decirse que el limón ayuda a disolver verrugas y callosidades, también mejora el cutis o el cabello graso y fortalece tanto las uñas como las encías. Es un aceite antiinflamatorio, por eso en caso de congestiones abdominales o de catarros resulta de gran alivio aplicar unas gotitas sobre la zona afectada. En pacientes con tumores y enfermedades cancerígenas, las inhalaciones de aceite consagrado de limón actúan como refuerzo del tratamiento médico base.

MANZANILLA

Beneficio: Sedante, relajante, antiinflamatorio.

Forma de uso: Baños, compresas, masajes, vaporizaciones.

Los efectos sedantes de la manzanilla se potencian al menos diez veces al fabricar el aceite consagrado con la esencia, por eso esta hierba se recomienda en toda clase de disturbio emocional, incluso para tratar a niños pequeños. Alivia paspaduras, eczemas, dermatitis y enfermedades eruptivas. Es útil en prácticamente todo tipo de dolencias, pues permite superar los estados emocionales negativos que impiden muchas veces la curación. Se recomienda tratar con este aceite a la familia de una persona enferma, sobre todo en caso de dolencias graves y prolongadas, cuando los seres que circundan al afectado presentan estado de shock.

MEJORANA

Beneficios: Calmante, cicatrizante.

Forma de uso: Baños, compresas, inhalaciones, masajes, vaporizaciones.

La mejorana está contraindicada para niños y embarazadas. Este aceite consagrado auxilia a los adultos que han sufrido heridas graves, pero en ese caso deben efectuarse inhalaciones y jamás aplicaciones directas sobre la zona afectada. Estimula la vista y el oído, por eso se recomienda en casos de otitis, sordera, afecciones de la vista o cansancio visual. Es más conveniente aplicar este aceite por las noches y en pequeñas cantidades.

MELISA

Beneficios: Sedante y antidepresivo.

Forma de uso: Baños, inhalaciones, masajes, vaporizaciones.

Los efectos de la melisa resultan mucho más potentes cuando este aceite es utilizado por mujeres. Se lo recomienda en toda clase de dolencias femeninas, sobre todo en afecciones de pechos, útero y ovarios. Resulta eficaz en la curación de afecciones renales, si se efectúa todas las noches un suave masaje en la zona lumbar con aceite consagrado tibio. También alivia la tos, si se aplica sobre el pecho.

MENTA

Beneficios: Antiinflamatorio, estimulante.

Forma de uso: Baños, compresas, inhalaciones, masajes, vaporizaciones.

El aceite consagrado de menta reduce las inflamaciones y disminuye la temperatura corporal. Es beneficioso en caso de golpes, quemaduras, reacciones alérgicas y fiebres, También el aroma de este aceite ayuda a curar úlceras, gastritis, problemas del hígado, páncreas, vesícula e intestinos. Otro efecto positivo de este aceite consagrado es que permite "aclarar" las ideas, por lo cual se utiliza para activar la memoria y la capacidad de razonar. Es un buen aceite para el tratamiento de los ancianos, en caso de arteriosclerosis.

NARANJA

Beneficios: Tranquilizante, revitalizante.

Forma de uso: Baños, masajes, vaporizaciones.

Básicamente el aceite consagrado de naranja resulta muy favorable para acompañar a un enfermo en la etapa de convalecencia, ya que aumenta las defensas, revitaliza y, a la vez, tiene un suave efecto sedante. Siempre que se experimente un estado de marcada debilidad, acompañada de intranquilidad extrema, se recomienda recurrir a este aceite. Es ideal para perfumar el ambiente de enfermos de hepatitis y para aumentar la resistencia de los diabéticos.

NEROLI

Beneficios: Poderoso antidepresivo.

Forma de uso: Baños, masajes, perfume, vaporizaciones.

Este aceite contribuye a devolver las ganas de vivir a quien se encuentra en un estado de profunda depresión. Suele dar buenos resultados para ayudar a quienes han perdido a un ser querido o atraviesan crisis de identidad que ponen en peligro su equilibrio psíquico. Su aroma es suave y agradable, por eso se puede usar como perfume, siempre que no irrite la piel.

PACHULI

Beneficios: Revitalizante, favorece la elevación espiritual.

Forma de uso: Baños, masajes, vaporizaciones.

El aceite de pachulí posee efectos afrodisíacos intensos y suele ayudar a los adolescentes que se sienten inseguros de sí mismos, así como a los adultos muy tímidos. Tradicionalmente, se asocia este aceite consagrado con los estados de éxtasis místico, por lo cual suele ser muy usado por quienes meditan o buscan elevar su espíritu. Los enfermos terminales logran hacer más suave su pasaje hacia la otra vida cuando son tratados a diario con tres gotas de aceite, en cruz sobre su frente.

PINO

Beneficios: Antiséptico, estimulante, purificador.

Forma de uso: Baños, compresas, inhalaciones, vaporizaciones.

El aroma del pino es un gran estimulante, ya que ayuda a sobrellevar esfuerzos físicos, despeja, estimula y revitaliza. Activa las funciones de la piel y de los órganos internos, por eso se recomienda en caso de digestiones perezosas, hipotensión, anemia, debilidad, arritmia cardíaca y en todas las lesiones del sistema nervioso. Como su efecto es muy lento, se aconseja usar en poca cantidad, preferentemente una gota en la almohada del paciente, por las noches, para que inhale los vapores del pino durante el sueño. En caso de anginas, bronquitis, asma, pulmonía y otras afecciones del sistema respiratorio, es bueno agregar unas gotas de este aceite al agua del baño. La anorexia, la bulimia y otros trastornos de la alimentación se tratan efectivamente con inhalaciones diarias.

ROMERO

Beneficios: Estimulante psicofísico, descongestivo, antiespasmódico.

Forma de uso: Baño, compresas, inhalaciones, masajes, vaporizaciones.

Los antiguos utilizaban guirnaldas de romero para estimular la memoria y se cree que, efectivamente, esta esencia activa las funciones intelectuales. Es bueno frotar este aceite en caso de dolores musculares o articulares y las inhalaciones descongestionan los bronquios de los fumadores o de quienes tienen catarro. Los trastornos nerviosos, menstruales, apoplejías, parálisis y mareos han sido tradicionalmente tratados con este aceite, de probada utilidad, que no debe ser usado jamás por las embarazadas. El romero tiene principios químicos que pueden ayudar a combatir bacterias y hongos, por lo cual se usa para curar infecciones e intoxicaciones, sobre todo si se trata de intoxicaciones con alimentos en mal estado. Es un aceite ideal para mantener perfumada la habitación de los enfermos: en la Segunda Guerra Mundial las enfermeras francesas quemaban una mezcla de hojas de romero y bayas de enebro en los cuartos de los hospitales, pues afirmaban que además de ser un buen antiséptico mantenían alejada a la muerte.

ROSA

Beneficios: Tranquilizante, antidepresivo.

Forma de uso: Baños, masajes, perfume, vaporizaciones.

Se dice que la esencia de rosas ayuda a fortalecer la autoestima y combate la ira, el desamor y los estados depresivos de quienes se sienten solos, abandonados a su suerte y temen por el futuro. Quienes se están reponiendo de una pérdida afectiva importante deberán usar tres gotas de este aceite en el centro de su pecho durante siete días y probablemente experimenten un notable alivio. Se sabe que también el aceite consagrado de rosa fortalece el estómago, previene los vómitos, detiene la tos, y ayuda a quienes padecen tuberculosis o enfermedades venéreas.

SALVIA

Beneficios: Astringente, antiespasmódico, estimulante uterino.

Forma de uso: Baños, compresas, masajes, perfume, vaporizaciones.

La salvia es muy efectiva para masajear músculos doloridos y aliviar dolores menstruales, también para inducir la menstruación, por eso las mujeres embarazadas no deben utilizar este aceite. El naturalista romano Plinio prescribía aceite consagrado de salvia para tratar mordeduras de víbora, epilepsia, lombrices intestinales y ciertas parálisis. También se cree que fortalece los tendones y quita los temblores de los miembros. Los médicos indios, además, utilizaban este aceite para curar las hemorroides (jamás en aplicación local, sino sobre el sacro, una gota diaria) la gonorrea, la vaginitis y las inflamaciones en los ojos.

SANDALO

Beneficios: Calmante, relajante.
Forma de uso: Baños, compresas, inhalaciones, vaporizaciones, perfume.

Básicamente los efectos del sándalo son calmantes, en caso de irritación nerviosa y disturbios emocionales, deberán usarse dos gotas en cada muñeca, día por medio.

TE

Beneficios: Antiséptico, antiverruginoso, descongestivo, antiviral.
Forma de uso: Baños, compresas, inhalaciones, masajes, vaporizaciones.

Las afecciones de la piel se curan gradualmente con vaporizaciones de agua y siete gotas de aceite consagrado de té. Los sanadores suelen recomendarlo para curar el dolor de cabeza, diarrea, gripe, tos y problemas respiratorios. Ayuda también a prevenir los daños que sufren los tejidos a causa de las radiaciones, por lo que se recomienda perfumar con este aceite el cuarto de enfermos que deban tratarse con rayos. Es un excelente aceite para usar durante la convalecencia.

YLANG YLANG

Beneficios: Afrodisíaco, estimulante.

Formas de uso: Baños, masajes, vaporizaciones, perfume.

Este aroma exótico y dulce calma los nervios y a la vez estimula el apetito sexual. No debe ser usado por personas que están gravemente enfermas, pero suele ser de ayuda en casos de enfermedades leves o convalescencias prolongadas, pues devuelve al afectado las ganas de vivir.

Algunas recetas sencillas

- Rejuvenecimiento de la piel. Masajear el rostro con aceite de rosa y de jazmín suele ayudar al .

- Insomnio. Verter unas gotas de aceite de lavanda en las palmas de las manos y en las plantas de los pies, masajeando luego en dirección contraria a las agujas del reloj. Finalmente, una gota sobre e plexo solar, antes de dormir, alejará las pesadillas.

- Mastitis. Mezclar aceite de romero con aceite de geranio la combate. Este preparado también estimula el flujo linfático (por eso se recomienda en casos de sida o cuando las defensas están muy bajas), combate el miedo y la depresión.

• Infecciones. Combinar aceite consagrado de bergamota, sándalo, geranio y lavanda y masajear con este preparado la nuca y las muñecas. Unas gotas en el agua del baño también sirven para el mismo fin, aliviando dolores e incomodidad.

• Concepción. Masajear el vientre de la mujer con una mezcla de aceite de salvia y romero, antes de las relaciones sexuales. Para el hombre se recomienda un baño con aceite de rosas para incrementar la producción de esperma.

INDICE

TÍTULOS DE ESTA COLECCIÓN

100 Hechizos de Amor
Anorexia y Bulimia
Cábala al Alcance de Todos
Cómo Leer el Aura. *Orus de la Cruz*
Cómo Leer las Runas
Contador de Calorías
Diccionario de los Sueños
El Arte de la Guerra. *Sun-Tzu*
El Evangelio según el Espiritismo. *Allan Kardec*
El Libro de los Espíritus. *Allan Kardec*
El Libro de los Mediums. *Allan Kardec*
El Mensaje Oculto de los Sueños
El Simbolismo Oculto de los Sueños. *Zabta*
Esoterismo Gitano. *Perla Migueli*
Fe en la Oración. Ilustrado
Hechizos y Conjuros
Kama Sutra. Ilustrado. *M. Vatsyáyána*
Las Enseñanzas de la Madre Teresa
Las Profecías de Nostradamus
Los Planetas y el Amor
Los Secretos de la Bruja 1. Manual de Hechicería
Los Secretos de la Bruja 2. Manual de Hechicería
Los Sueños. *Morfeo*
Magia con Ángeles
Magia con Velas
Manual contra la Envidia. *Pura Santibañez*
Numerología al Alcance de Todos
Reencarnación y Karma. *Luciano Lauro*
Remedios Caseros
Salmos Curativos
Ser Chamán. *Ledo Miranda Lules*
Toco Madera. *Diego Mileno*

NOTAS

NOTAS

NOTAS

Impreso en los talleres de
Trabajos Manuales Escolares,
Oriente 142 No. 216
Col. Moctezuma 2a. Secc.
Tels. 5 784.18.11 y 5 784.11.44
México, D.F.